Im Fluss. Leben in Bewegung

Fröhliche Wissenschaft 179

Wolfgang Welsch

Im Fluss
Leben in Bewegung

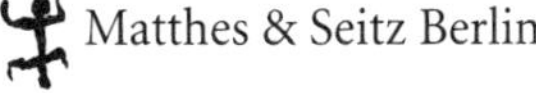
Matthes & Seitz Berlin

»Und wenn alles nur ein allgemeiner Fluss ist …«

Diderot

Inhalt

Vorwort

Man kennt Heraklits Wort »alles fließt« – und weiß, dass es gar nicht von ihm stammt, sondern ihm vereinfachend zugeschrieben wurde. Warum hätte Heraklit diesen Spruch niemals geäußert? Weil dann, wenn alles zugleich fließen würde, von einem »Fließen« gar nicht mehr die Rede sein könnte. Fließen erfordert einen Gegenpol des Verharrens. Bewegung ist immer ein Zweitakter von Veränderung und Bleiben. Allerdings kann das, was im einen Schritt beharrt, im nächsten selber in Bewegung geraten.

Das ist die Sicht, welche dieses Buch einnimmt. Es zeigt an verschiedenen Phänomenen, wie unser Leben einem ständigen Wechselspiel von Verharren und Veränderung unterliegt – wie mal dieses, mal jenes in Fluss gerät, und wie letztlich nichts für immer so bleibt, wie es zu einem bestimmten Zeitpunkt ist. Das gilt von unserer Biologie ebenso wie von der Kultur, von der Erotik ebenso wie von der Vernunft, von der Ökonomie gleichermaßen wie von der Ökologie. Der Rat geht dahin, diese Beweglichkeit weitaus stärker und mutiger ins Auge zu fassen, als wir es gemeinhin tun. Üblicherweise suchen wir Sicherheit im Halt, im Beharren. Wir übersehen, dass gerade auch die Bewegung einen tragen, einem Auftrieb und Fortdauer verleihen kann. Wer sich gegen den Fluss stellt, verbraucht viel Kraft; wer sich ihm hingegen öffnet, kommt weiter. Dieses Buch plädiert insgesamt für eine Verflüssigung, für einen Zuwachs an Beweglichkeit. Stabilisierung um jeden Preis hat sich stets als kontraproduktiv erwiesen. Wir tun besser daran, uns auf unsere bewegliche Natur einzulassen – und so unser Leben in Übereinstimmung mit einer Wirklichkeit zu führen, die ebenfalls allenthalben im Fluss ist.

»Leben im Transit« exponiert das Thema. Es demonstriert die Veränderlichkeit unserer Existenz auf allen Ebenen, von der Biologie bis zur Kultur, und plädiert dafür, sich dieser Veränderlichkeit nicht entgegenzustellen, sondern sich auf sie einzulassen. »Die menschzentrierte Denkform der Moderne und ihre zeitgenössische Revision« zeigt, in welcher grundsätzlichen Umstellung wir uns gegenwärtig befinden: vom menschzentrierten Weltbild der Moderne zu einer anderen Sichtweise, die den Menschen nicht einfach vom Menschen aus zu begreifen sucht, sondern von seiner tatsächlichen Genese in der Evolution her versteht. »Civitas oder Kosmos?« lenkt im Ausgang davon die Aufmerksamkeit auf die kosmische Dimension, die ebenfalls zum Menschsein gehört. »Menschen und andere Lebewesen« vertieft diese Aspekte und zeigt ihre Konsequenzen für die Kulturwissenschaften auf. »Kann das Denken uns bescheiden machen?« fragt, ob die neue Position im Unterschied zur obsolet gewordenen traditionellen nur eine Bescheidung des Menschen bedeutet oder auch ein wohlbalanciertes Selbstbewusstsein rechtfertigt. »Kunst der Anverwandlung« thematisiert eine über fünfhundert Jahre zurückliegende Empfehlung, wonach wir die uns Menschen auszeichnende Fähigkeit der Anverwandlung eigens kultivieren sollten. »Monaden oder Nomaden? Über transkulturelle Identitäten« zeigt schließlich, wie Veränderungen und Übergänge immer schon das Design der Kulturen bestimmt haben und heute die Verfassung der Individuen prägen.

Einst waren wir Tiere. Heute sind wir Menschen. Werden wir morgen Götter sein?

Einst lebten wir im Paradies. Heute leben wir auf einem bedrohten Planeten. Wie heiß wird es morgen in der Hölle sein?

Einst hat das Wünschen noch geholfen. Heute hilft nicht einmal mehr das Tun. Oder sollte doch morgen alles gut und heil werden?

Leben im Transit

1. Problemstellung

Dass unser Leben eines der Anverwandlungen, Veränderungen und Übergänge sowie ständig neuer Anpassungen ist oder sein sollte, ist heute schier zum Gemeinplatz geworden. Früher war das anders. Da sagte man uns, man solle zielstrebig eine bestimmte Karriere planen, solle sich ein stabiles familiäres und soziales Umfeld schaffen, solle alles auf solidem Grund nach Gesichtspunkten der Planbarkeit und Beständigkeit einrichten. (Und manche Zeitgenossen sahen dann tatsächlich schon mit zwanzig Jahren so fertig und blass aus wie die Büsten auf manchen Grabsteinen, sie waren dem Programm allzu schnell gefolgt.) Damals also galt ein Ideal der Stabilität, heute eines der Flexibilität.

Meist glaubt man, der Übergang vom einen zum anderen sei uns durch die neueren zivilisatorischen, ökonomischen und geopolitischen Entwicklungen aufgedrängt worden. Früher seien die gesellschaftlichen Verhältnisse stabiler gewesen, daher war es damals möglich und angebracht, für das eigene Leben auf Stabilität zu setzen. Heute aber, im Zeitalter von Globalisierung und Digitalisierung, sei alles kurzlebiger geworden, wechselhafter, sprunghafter, unvorhersehbarer. Dadurch sei das alte Ideal der Stabilität dysfunktional geworden. Man müsse heute, ob man wolle oder nicht, sein Leben flexibel anlegen, müsse zu Patchworkidentität und wechselnden Mehrfachjobs bereit sein, müsse sich auf Veränderungen, auf Abbrüche und Sprünge einstellen. Man müsse, kurz gesagt, bereit sein, im Transit zu leben. Ob das nun zum Menschen passe und ihm gut tue oder nicht, diese neue Ausrichtung sei uns durch die neueren Verhältnisse aufgezwungen worden, durch sie verbindlich gemacht geworden. Wer diese Umstellung nicht mitmacht, hat schlechte Karten. Wer hingegen zum Avantgardisten der Flexibilisierung wird, kann sein Glück machen. Nolens volens sollten wir alle diese Richtung einschlagen.

Was ich an dieser Diagnose in Zweifel ziehen möchte, ist ihr Unterton. Ich will infrage stellen, dass wir zu einem Leben im Transit erst durch die neuen Verhältnisse – durch Globalisierung und Digitalisierung, verstärkte Migration, die Flexibilisierung der Berufswelt etc. – gedrängt worden seien. Ich möchte stattdessen die These vertreten, dass das Leben konstitutiv ein Leben im Transit ist. Falsch und dem Leben inadäquat, so behaupte ich, war das vormalige Ideal der Stabilität, der Äternisierung, des So-und-nicht-anders. Zu unserer Verfassung als Lebens-, Liebes-, Wirklichkeits- und Kulturwesen passte immer schon die Ausrichtung auf ein Leben im Transit weitaus besser.

2. Wir sind konstitutiv Wesen des Transits

a. Biologisch

Dass unser Leben konstitutiv ein Leben im Transit ist, betrifft zunächst schon unsere biologische Verfassung.

Offensichtlich ist unser Leben als solches ein einziger Transit: von der Geburt über Kindheit, Jugend, Erwachsensein und Alter bis hin zum Tod. Das ist trivial. Aber auch schon innerhalb viel kürzerer Zeitspannen, innerhalb von Monaten oder Stunden, ist unsere biologische Existenz durch Transitvorgänge gekennzeichnet. Täglich erneuert unser Körper 600 Millionen Zellen. Jede Woche bekommen wir eine neue Magenschleimhaut. Unsere gesamte Haut regeneriert sich innerhalb eines Monats, die roten Blutzellen tun es alle vier Monate, und unsere Knochen werden nur deshalb nicht frühzeitig morsch, weil sie sich innerhalb eines Jahres allesamt erneuern. Wir erhalten in der Tat jedes Jahr einen nahezu vollständig neuen Körper. Und sind natürlich nur aufgrund dieser ständigen Erneuerung überhaupt lebensfähig. – Warum aber sind wir uns dessen so wenig bewusst, warum denken wir an diese unsere permanente Wechselverfassung so wenig? Zudem: Wer sind wir eigentlich? Besitzen wir als Menschen oder Individuen eine sichere, abgegrenzte Identität?

Bleiben wir fürs Erste auf der biologischen Ebene. Da könnte man meinen, unsere Identität sei durch das Genom von Homo sapiens definiert. Tatsächlich ist unsere biologische Identität zunächst durch den uns überkommenen Genmix unserer Eltern bestimmt, er bildet unsere biologische Basis. Aber unsere humane Genmatrix ist bei Weitem nicht alles, was uns ausmacht. Wir Menschen bestehen keineswegs nur aus Menschlichem. Jeder von uns ist – wie vorher schon ausgeführt wurde – nur im Verbund mit einer Vielzahl von Mikroorganismen lebensfähig. Das Humangenom macht nicht einmal 10 Prozent unseres Hologenoms aus.

Überdies sind wir Menschen auch evolutionär betrachtet höchst multipel. Wir sind Wanderer durch das ganze Reich des Lebendigen und von Grund auf ein Produkt dieser Wanderung. Das zeigt sich in der Embryonalentwicklung ebenso wie im Blick auf zahlreiche prähumane

Erfindungen der Evolution, die in uns wirksam sind.

Wir sind somit erstens schon in unserem zellulären Bestand von Monat zu Monat transitär; zweitens können wir nur durch die Symbiose mit uns bevölkernden Migranten (Bakterien und Viren) überhaupt leben; und drittens sind wir von unserer ganzen evolutionären Machart her Transiteure, versammeln ganze Reihen von Lebewesen und deren Errungenschaften in uns. Zudem sind wir hinsichtlich unseres elementaren Bestands nicht einfachhin irdische, sondern kosmische Wesen, eine Menge an kosmischer Masse ist in uns lebendig. Wir sind kurzum – unserer Herkunft, unserem Bestand und unseren Lebensvollzügen nach – geradezu exemplarische Wesen des Transits.

b. Kulturell

Muss man nach diesen Ausführungen zu unserer biologischen Verfassung noch eigens auf unsere kulturelle Formation hinweisen? Versteht es sich nicht von selbst, dass wir gerade auch kulturell Wesen des Transits sind? Im Konzept der Transkulturalität ist einer der Kernpunkte, dass wir alle – nicht nur die Migranten, sondern auch die einheimisch Verwurzelten – kulturelle Mischlinge sind, dass wir in unserer kulturellen

Formation durch mehrere kulturelle Herkünfte und Verbindungen bestimmt sind. Es ist der Austausch und Übergang, der Transit zwischen verschiedenen kulturellen Elementen, der unsere kulturelle Formation bestimmt.

Und das galt sogar schon historisch. Europa war stets durch transkulturellen Austausch bestimmt. Man denke nur an den Warenverkehr oder die Kunstgeschichte. Die Stile waren länder- und nationenübergreifend, und viele Künstler haben ihre besten Werke fernab der Heimat geschaffen. Albrecht Dürer, der in nationalistischen Zeiten als exemplarisch deutscher Künstler galt, ist in Wahrheit erst in Italien er selbst geworden, und er musste Italien noch ein zweites Mal aufsuchen, um ganz er selbst zu werden. Goethe hatte recht, wenn er sagte, dass »keine Nation« und »am wenigsten vielleicht die deutsche [...] sich aus sich selbst gebildet« habe. Ebenso gilt von anderen Nationen, dass sie stets durch einen Kulturmix bestimmt, in sich transkulturell waren. (Das alles wird im letzten Abschnitt breiter ausgeführt werden.)

Wir Menschen sind also, zusammengefasst, nicht nur, wie zuerst gezeigt, unserer biologischen Existenz nach Wesen des Transits, sondern wir sind es auch in unserer kulturellen Existenz, und dies heute stärker denn je zuvor.

3. Relationalismus und Prozessontologie – »Alles ist nicht es selbst«

Dies war, musikalisch gesprochen, sozusagen der erste Satz. Der zweite schlägt einen etwas anderen Ton an. Er handelt davon, dass es eigentlich der Charakter alles Seienden ist, einen Schnittpunkt, einen Kreuzungspunkt von Übergängen, ein Bündel von Transfers darzustellen.

Für gewöhnlich denken wir (zumindest im abendländischen Raum) anders. Wir meinen, ein Seiendes sei zuerst einmal es selbst und stehe erst sekundär in Relationen. Ich schlage eine andere Sichtweise vor: dass umgekehrt jedes Seiende primär ein Verknüpfungspunkt von Beziehungen ist und nur sekundär – aber illusorisch – als selbstständig Seiendes, als Substanz erscheint. Wir haben hier einen der größten Denkgegensätze in der Philosophie vor uns. Mehrheitlich dominiert das Substanzdenken, von Platon und Aristoteles über die mittelalterliche und neuzeitliche Philosophie bis hin zur heute weltweit führenden analytischen Philosophie – und natürlich und vor allem auch in unserem Alltagsdenken. Wir glauben, dass Dinge, feste Gegenstände, eben Substanzen das Primäre seien, und dass sich an diesen dann erst sekundär Bewegungen und Veränderungen abspielten. Auf der anderen Seite gab es in der Tradition aber auch Denker, die nicht diesem Substanzdenken huldigten, sondern die Welt als primär aus Prozessen bestehend ansahen – so Heraklit oder Schopenhauer und Nietzsche und in neuerer Zeit am prominentesten Whitehead, der große Propagator einer grundsätzlich prozessualen Sichtweise der Wirklichkeit. Ich glaube, dass die letztere Sichtweise im Recht ist.

Dinge sind, was sie sind, nicht an sich, nicht aus sich selbst. Ansichsein, das ist der große Irrtum in der Philosophie und im Alltag. Ein jedes Seiende ist, was es ist, vielmehr durch die Prozesse, die zu ihm geführt haben und durch die Relationen, in denen es steht. Nimmt man diese vermeintlich externen Bedingungen weg, so zeigt sich sogleich, dass das scheinbare Ansich, das Wesen, schlicht zusammenbricht, verdampft.

Nehmen wir Wasser als Beispiel. Man glaubt im allgemeinen, Wasser sei von sich aus flüssig. Doch das stimmt nicht. Wasser ist unter bestimmten Temperaturbedingungen flüssig, unter anderen aber ist es festes, gefrorenes Eis, und unter noch einmal anderen löst es sich in Dampf auf. Oder glauben Sie, ein Automobil sei – wie der Name es suggeriert – ein selbstfahrendes Gerät? Nimmt man den Kraftstoff oder die Elektroenergie weg und dann auch noch Straßen und Wege und den festen Untergrund, so ist es mit der Automobilität der Kiste schnell vorbei. Und man kann noch weiter gehen: Wenn man die Erdatmosphäre wegnähme, würden nicht nur alle Autoreifen platzen, sondern alle Organismen (uns eingeschlossen) würden zerbersten. Alle Organismen unserer Erde sind auf den Atmosphärendruck unseres Planeten perfekt abgestimmt. Ihr Zellinnendruck hält dem Außendruck der Atmosphäre passgenau die Waage. Die Organismen haben sich eben in Abstimmung mit dieser Außenbedingung entwickelt. Deshalb gehört diese untrennbar zu ihnen, ist ihnen eingeschrieben. Jeder Organismus ist durch diese Außenbeziehung geformt. Die als äußerlich erscheinende Relation ist in Wahrheit eine innerliche.

Nur denken wir gemeinhin nicht an derlei externe Bedingtheiten dessen, was anscheinend selbstständig vorliegt. Diese Bedingungen sind aber absolut elementar. Es ist eine arge Verkürzung, wenn wir die Dinge, wie sie vor Augen stehen – eine Blume oder einen Hund, eine Geige oder ein Klavier – für autonome Dinge nehmen, die von sich aus blühen oder bellen oder klingen könnten. Ohne den Atmosphärendruck würden Blumen und Hunde sich augenblicklich auflösen, und ohne die umgebende Luft vermöchten Geigen und Klaviere keinerlei Klang abzugeben. Die Außenbedingungen sind dem, was als Wesen oder Eigentätigkeit einer Sache erscheint, eingeschrieben. Sie sind keineswegs peripher, sondern absolut essenziell. Noch einmal: Nichts ist, was es ist, einfachhin aus sich selbst, sondern nur im Verbund mit Außenbedingungen, die unabdingbar zu seiner Verfassung gehören. Oder, wie Rilke es formuliert hat: »Alles ist nicht es selbst.« Alles existiert nur als Transitknoten vielfacher Bezüge.

4. Umstellung im Denken

Die Konsequenz aus alledem liegt auf der Hand. Geboten ist eine Umstellung unseres Denkens: weg vom alten Substanz- und Stabilitätsideal hin zu einem Denken der Prozessualität, der Flexibilität, der Übergänge und Verflechtungen, zu einem Denken im Sinn vielfältiger Transits.

Wenn wir Menschen biologisch wie kulturell de facto Wesen der Übergänge sind, dann sollten wir das nicht verleugnen, sondern akzeptieren und unser Selbstverständnis und unsere Ideale und Zukunftsvorhaben dementsprechend ausrichten und entwickeln. Wenn Verflechtungen und Übergänge die wirkliche Verfasstheit von allem kennzeichnen, dann sollten wir unsere Weltsicht nicht weiterhin mit Substanz- und Ansichseinsvorstellungen knebeln, sondern uns auf diese Transitivität einlassen.

Die menschzentrierte Denkform der Moderne und ihre zeitgenössische Revision

Seit einigen Jahrzehnten erfahren wir eine gravierende Umstellung im Denken. Die Moderne hatte zwischen Mensch und Natur einen Graben gezogen, das zeitgenössische Denken aber ist dabei, diesen zu überwinden. Modern sollte alles vom Menschen aus verstanden werden und die Natur nicht im Stande sein, uns irgendetwas zu sagen – sie sollte uns allenfalls unser eigenes Echo zurückwerfen können. Heute sieht man das völlig anders: Der Mensch ist selbst Teil der Natur und kann nur im rechten Zusammenspiel mit den anderen Teilen der Natur ganz und gesund sein. – Woher kam es, dass die Moderne diesen Graben zwischen Mensch und Natur zog, und wie geschieht in unseren Tagen seine Überbrückung?

1. Das anthropische Prinzip der Moderne

Das moderne Denken, das seine Gestalt um die Mitte des 18. Jahrhunderts annahm, basierte auf einer grundlegenden Prämisse: In allem sollte es um den Menschen gehen. Der Mensch galt, wie Diderot dies 1755 paradigmatisch formuliert hat, als »der einzigartige Begriff, von dem man ausgehen und auf den man alles zurückführen muss«.[1] Ich nenne dies das anthropische Prinzip der Moderne. Der Mensch ist der Ausgangspunkt und Bezugspunkt von allem.

Diderot war überzeugt, dass alles in der Welt nur vom Menschen aus Sinn erhält.

> Wenn man den Menschen [...] ausschließt, dann ist das erhabene und ergreifende Schauspiel der Natur nur noch eine traurige und stumme Szene. Das Weltall verstummt, Schweigen und Dunkelheit überwältigen es; alles verwandelt sich in eine ungeheure Einöde, in der sich die Erscheinungen [...] dunkel und dumpf abspielen. Das Dasein des Menschen macht die Existenz der Dinge doch erst interessant.[2]

Folglich, meint Diderot, muss man den Menschen zum »Mittelpunkt« von allem machen.[3]

Das moderne Denken ist diesem von Diderot ausgerufenen anthropischen Prinzip zweihundertfünfzig Jahre lang gefolgt. Zur Moderne gehört gewiss eine stattliche Anzahl unterschiedlicher Positionen. An der Oberfläche sind sie einander oft radikal entgegengesetzt. Aber im Grunde folgen sie alle unisono dem anthropischen Prinzip.

Nehmen wir als erstes Beispiel Kant. In seiner *Kritik der reinen Vernunft* von 1781 hat er dargelegt, dass die uns bekannte Wirklichkeit von Grund auf ein Ergebnis menschlicher Hervorbringung ist. Alle Gegenstände sind nämlich durch die apriorischen Formen unseres Erkenntnisvermögens (durch unsere Anschauungsformen und Kategorien) bestimmt: Raum und Zeit, Vielheit und Kausalität oder Substanz und Notwendigkeit gehören nicht etwa zu den Dingen als solchen, sondern nur zu den basal schon durch unsere Erkenntnisformen geprägten Erscheinungen. Von daher erklärt Kant in einer berühmten Formulierung, dass sich nicht, wie man früher annahm, unsere Erkenntnis nach den Gegenständen zu richten habe, sondern dass, genau umgekehrt, »die Gegenstände [...] sich nach unserem Erkenntnis richten« müssen.[4] Das ist eben deshalb der Fall, weil wir den Gegenständen die Formen vorgeben, unter denen sie überhaupt für uns erscheinen können. Somit sind alle Gegenstände grundlegend menschlich geprägt. Der Mensch ist gleichsam die Made im Speck der Welt, er bildet das Maß der Welt.

Betrachten wir als Nächstes Nietzsche, der, im Unterschied zu Kants aufklärerischer Transparenz als dunkler und wilder Denker gilt. Bei aller Gegensätzlichkeit hat auch Nietzsche das anthropische Prinzip vehement vertreten. Er erklärte:

»Wir sehen alle Dinge durch den Menschenkopf an und können diesen Kopf nicht abschneiden.«[5] Daher ist Nietzsche zufolge all unsere sogenannte Wahrheit »durch und durch anthropomorphisch und enthält keinen einzigen Punct, der ›wahr an sich‹, wirklich und allgemeingültig, abgesehen von dem Menschen, wäre«.[6]

Blicken wir nun, im Unterschied zum dionysischen Denker Nietzsche, auf ein wiederum ganz anderes Lager, auf den Wiener Kreis mit seiner Orientierung an der Wissenschaft. Otto Neurath, ein Hauptvertreter, erklärte 1931, dass die »wissenschaftliche Weltauffassung […] das stolze […] Selbstbewusstsein« vermittle, »dass der *Mensch das Maß aller Dinge sei*«.[7] – Erneut stimmen vordergründig strikt entgegengesetzte Positionen – der Artist Nietzsche und der Szientist Neurath – im Grundsatz der Moderne, im anthropischen Prinzip, überein.

Und noch die gesamte zeitgenössische analytische Philosophie folgt dieser Linie des Wiener Kreises, wenn prominente Vertreter wie Davidson und Putnam erklären, dass alles, was wir je erreichen können, bestenfalls eine *menschlich geprägte* Art von Wahrheit, Rationalität und Objektivität sei.[8]

Auch die gegenwärtigen Human- und Kulturwissenschaften folgen weiterhin dem anthropischen Prinzip. Sie erklären, dass »das moderne Konzept von Kulturwissenschaft auf der Einsicht beruht, dass es nur ein Apriori gibt, das historische Apriori der Kultur«[9] – wobei es sich offensichtlich noch immer um die alte kantische Auffassung handelt, nur in neue, historistisch und kulturalistisch ausdifferenzierte Schläuche abgefüllt. Dabei will diese zeitgenössische Perspektive nicht nur höchst differenziert, sondern auch all-inclusive sein: Noch die Natur soll ihr nicht entkommen, sondern ganz ins Human- bzw. Kulturkorsett gezwängt werden. Natur, erklärt man, wird »nicht mehr als vorgegebene Wirklichkeit verstanden, sondern als kulturell konstruiert erkannt«.[10]

Das ist die moderne Position: Alles ist menschliche Konstruktion. Welt und Natur können uns nichts sagen, sie sind ja nur unser Konstrukt. Sie vermögen uns allenfalls unser Echo zurückzuwerfen, nicht von sich aus etwas zu bedeuten. Alles ist vom Menschen aus zu begreifen und auf diesen zurückzuführen. Aller vermeintliche Weltbezug bewegt sich in den Spiegelspielen eines Humantheaters – und hinter tausend Spiegeln keine Welt.[11]

Dieses anthropische Prinzip war das Leitprinzip nicht nur im philosophischen und wissenschaftlichen Bereich, sondern ebenso in Politik und Ökonomie, Agrikultur und Verkehrswesen, es wirkte bis in Details der Lebenswelt und des Alltags hinein.

Um nur zwei Beispiele zu nennen: In der modernen Architektur wurde (seit der *Charta von Athen*) immer wieder der Maßcharakter des Menschen beschworen: »Für den Architekten [...] wird der menschliche Maßstab das Messinstrument sein. [...] Die Architektur muss [...] in den Dienst des Menschen gestellt werden.«[12, 13] Das wird bis heute ad nauseam wiederholt (während man in Wahrheit ökonomischen Interessen folgt). – Auch die Ökologie ist von anthropischen Tendenzen keineswegs frei, sondern ist zumindest halb-anthropisch. Man sorgt für die Umwelt, damit es *uns Menschen* gut geht; man will die Biodiversität erhalten, weil sie *für uns* wichtig ist (etwa für die Produktion neuer Medikamente); man will verhindern, dass der Meeresspiegel steigt, weil dies etliche *unserer Wohngebiete* (Inseln und Küstenstädte) vernichten würde. Insgesamt: man will die Natur erhalten, damit wir gedeihen.

So bildet das anthropische Prinzip die Leitschnur für das Verständnis unserer selbst und unseres Verhältnisses zur Natur und den anderen Lebewesen. Es stellt den Nährboden für ein technologisches Weltverhältnis dar. Da die Natur etwas ganz und gar von uns aus Konstruiertes ist, können wir mit ihr machen, was wir wollen, können in ihr frei schalten und walten. Wir können der Natur Vorschriften machen, sie ausbeuten, sie den von uns angerichteten Schäden überlassen – nur eines können wir nicht: auf die Natur hören, von ihr lernen, von ihr her oder zusammen mit ihr uns verstehen. Denn wir wissen ja seit Diderot, dass die Natur als solche stumm und dumpf ist, dass aller Sinn nur vom Menschen herrührt, dass alles Weltliche nichts anderes ist als ein Reflex unserer eigenen Verfassung.[14]

Wie kam es dazu, dass wir von dieser Auffassung inzwischen grundlegend abgerückt sind? Offenbar muss in unserem Verständnis von Natur und unserem Verhältnis zu ihr ein tiefgreifender Wandel eingetreten sein.

2. Der tiefste Grund der modernen Denkweise: die Annahme eines Grabens zwischen Mensch und Natur

Machen wir uns klar, was der tiefste Grund des anthropischen Prinzips der Moderne war. Die eigentliche Basis, auf der die Überzeugungen von Diderot, Kant, Nietzsche und all den anderen bis zum heutigen Tag ruhten, bestand in der Annahme, dass Mensch und Welt einander grundsätzlich fremd seien, dass sie von fundamental verschiedener Art seien.

Diese Sichtweise hatte sich zur Zeit der Renaissance herausgebildet. In Ablösung von älteren Vorgaben verstand man den Menschen jetzt zunehmend als ein Wesen sui generis, das autonom und von daher mit der Welt inkongruent ist. Das prototypische Zeugnis dafür ist Pico della Mirandolas Rede *De hominis dignitate* von 1486, wo Pico erklärte, dass wir Menschen, anders als alle anderen Wesen, nicht in die Schöpfung eingebunden sind, sondern ihr frei und ortlos gegenüberstehen – sodass wir uns unsere Bestimmung selbst zu geben haben.[15]

Kanonisch wurde die Heterogenität von Mensch und Welt dann mit dem Cartesischen Dualismus von Geist und Materie. Die Welt (so die fortan jahrhundertelang geltende Auffassung) sollte allein durch Ausdehnung charakterisiert und eine rein materielle Angelegenheit sein – *res extensa*. Der Mensch hingegen sollte durch eine völlig andere Seinsart bestimmt sein: durch Rationalität, Denken, Geist – *res cogitans*.[16] So traten Mensch und Welt auseinander. Der Mensch wurde zum Weltfremdling.

Der Gegensatz zu älteren Auffassungen könnte kaum größer sein. Sowohl in der Antike als auch im Mittelalter war die Welt als geistbestimmt verstanden worden. Jetzt sah man sie auf einmal als bloße Materie an, die in all ihren Beständen und Abläufen rein mechanischen Prinzipien folgt. Die Natur wurde geistlos. Der Geist hingegen (einst der Regent der Welt und das innerste Prinzip der Natur) wurde zu einem naturexternen Prinzip, und der Mensch somit, eben als Geistwesen, zum Weltfremdling.

Genau dadurch wurde das anthropische Prinzip unvermeidlich. Denn wenn der Mensch mit der Welt kein gemeinsames Maß hat, dann kann er sie nicht als solche erkennen, sondern nur von sich aus mit Sinn begaben. Dann kann er nur mit den Mitteln seiner Geistigkeit eine eigene Welt konstruieren – eine Menschenwelt, für die er dann konsequenterweise das Zentrum und Maß bildet. Wie sollte es denn anders sein? Wie sollte just dasjenige Vermögen, das mit der Welt nichts gemeinsam hat, aber andererseits dasjenige ist, wodurch wir uns mit der Welt erkennend befassen, in diesem Versuch etwas anderes zustande bringen können als die Konstruktion einer Welt nach unserer Vorstellung? Wenn der Mensch ob seiner Geistnatur grundlegend ein Weltfremdling ist, dann kann er gar nicht anders, als in allem nicht von der Welt, sondern von sich selbst auszugehen und alles auf seine eigene Verfassung zurückzubeziehen. Dann ist das anthropische Prinzip unumgänglich.

3. Die Überholtheit des dualistischen Leitbildes der Moderne

Aber inzwischen hat sich herausgestellt, dass die für Neuzeit und Moderne leitende Annahme einer grundlegenden Disparität zwischen Mensch und Welt unhaltbar ist. Sie ist es von beiden Seiten her: Weder ist der Mensch ein weltfremdes Wesen noch ist die Natur geistlos.

Denn erstens stimmt es nicht, dass Rationalität ein exklusives Merkmal des Menschen sei. Sie findet sich vielmehr, wie immer abgestuft, auch schon im sonstigen Tierreich. Alle Wirbeltiere sind zu elementaren Kategorisierungen imstande, Tauben sind ausgesprochene Experten der Abstraktion und Generalisierung, Säugetiere verstehen Objektpermanenz und Aspektivität, und Schimpansen und Bonobos erfassen darüber hinaus auch Kausalverhältnisse und die Intentionalität von Artgenossen, ja sie sind fähig, sich im Spiegel zu erkennen, und vermögen sogar allein durch Überlegung Probleme zu lösen.[17]

Geistigkeit ist also durchaus eine mundane, eine längst vor dem Menschen in der Welt sich findende Angelegenheit.[18] Unsere Geistigkeit beruht auf solch irdischen Vorläuferformen, ist aus diesen erwachsen. Folglich ist sie ganz und gar nicht geeignet, eine Weltdistanz oder gar Weltfremdheit des Menschen zu begründen. Sie bezeugt vielmehr umgekehrt unsere Weltzugehörigkeit.

Zweitens haben neuere Erkenntnisse der Naturwissenschaften gezeigt, dass Selbstbezüglichkeit und Reflexivität der Natur keineswegs fremd sind, sondern ein Produkt der kosmischen und biotischen Evolution darstellen. Unser reflexiver Geist ist die höchstentwickelte Form eines grundlegenden Musters, das sich schon in der kosmischen und biotischen Evolution findet und geradezu als Treiber dieser Evolution angesehen werden kann. Geist ist potenzierte Selbstorganisation und Selbstbezüglichkeit, und diese hat die Entwicklung des Kosmos schon seit Langem bestimmt – von der über 14 Milliarden Jahre zurückliegenden Bildung erster Atome über die Entstehung von Sternen und Galaxien bis hin zur Evolution des Lebens, die vor nahezu 4 Milliarden Jahren begann und zu immer komplexeren Formen von Selbstbezüglichkeit, Bewusstsein und Reflexivität geführt hat.[19]

Wenn Geist somit nichts Weltfremdes und Weltinkongruentes, sondern ein Produkt der Welt und die höchste Entwicklungsform eines fundamentalen Organisationsmusters des Universums ist, dann begründet unsere Geistnatur gerade nicht, wie Neuzeit und Moderne gemeint hatten, eine Weltfremdheit, sondern ganz im Gegenteil eine elementare Weltaffinität und Weltverbundenheit des Menschen. Geist – ein Produkt der natürlichen Evolution – ist grundsätzlich weltaffin. Entsprechend stellt auch die menschliche Kultur, die die Potenziale des Geistes weiterführt und ausreizt, bei aller Besonderheit nicht etwas genuin Anderes, sondern eine bewundernswerte Weiterentwicklung dieses natürlichen Prinzips dar. Heute lässt sich im Übrigen gut rekonstruieren, wie unsere kulturelle Evolution aus einer natürlich angebahnten Entwicklung hervorgegangen ist und den Gang der Natur auf kulturelle Weise weiterführt.[20]

Seit der Romantik hatten viele geglaubt, es brauche – gegen die neuzeitliche mechanistische Degradierung der Natur – eine »Wiederverzauberung der Natur«. Erst dann würden sich Geist und Natur wieder zusammen denken lassen. Man hat diese Wiederverzauberung von der Religion, der Philosophie, der Literatur, den Mythologien erwartet. Aber sie blieb (wenn man Proklamationen nicht schon für Einlösungen nehmen wollte) aus. Also klagt man noch immer, dass das Desiderat unerfüllt sei und wir weiterhin in der jahrhundertealten Misere steckten.

Aber wer so redet, hat schlicht die Erkenntnisse der neueren Naturwissenschaft verschlafen. Er hat nicht bemerkt, dass die »Wiederverzauberung« längst eingetreten ist – nur eben nicht durch die Größen, auf die man gesetzt hatte, sondern just durch jene Instanz, von der man am wenigsten etwas Gutes erwartet und die man deshalb ignoriert hatte: die Naturwissenschaft. Sie hat uns inzwischen ein wundervolles Äquivalent einer »Wiederverzauberung« beschert, nämlich eine wissenschaftliche Sicht der Natur, die alles bietet, was man sich, um über den alten Mechanismus und Dualismus hinauszugelangen, nur wünschen kann.

So sind die beiden Annahmen, die für den

altmodernen Dualismus von Mensch und Natur ausschlaggebend waren – die Auffassung des Menschen als geistbestimmt und somit extranatural und die Sicht der Natur als schlicht geistlos – inzwischen obsolet geworden. Der Mensch ist durchaus ein Naturwesen, er ist (mitsamt seiner Geistigkeit) aus der irdischen Evolution des Lebens hervorgegangen. Und die Natur steht dem Geist nicht entgegen, sondern geht mit Geist zusammen, ja sie hat ihrer eigenen Prozesslogik entsprechend Geist hervorgebracht. Kurzum: Der Mensch ist intrinsisch naturaffin, und die Natur intrinsisch geistaffin.[21]

4. Das neue Pensum

Daraus ergibt sich eine neue Sicht des Mensch-Welt-Verhältnisses: eine der Kontinuität und Zusammengehörigkeit. Alle Denkweisen, die noch immer auf dem alten Dualismus beruhen, sind obsolet geworden. Heute gilt es, die Kontinuität zwischen Natur und Mensch zu erkennen und ihr Ausdruck zu verleihen. Das ist das Pensum des zeitgenössischen Denkens.

Es geht erstens um die Artikulation der Gemeinsamkeit von Mensch und Natur. Wir Menschen sollten uns nicht mehr nur vom Menschen her verstehen, sondern von unserer evolutionären Genese und unserer Verbundenheit mit der Natur her. Der Mensch ist mehr als nur der Mensch, er ist ein Mitspieler im Geschehen der Natur. Genau genommen, begreift er mindestens drei Dimensionen in sich, die über die vordergründige Auffassung seiner als eines bloß menschlichen Wesens hinausgehen. Erstens eine evolutionäre Dimension, in der er mit dem ganzen Strom des Lebens, der zu ihm geführt hat, verbunden ist: Er durchläuft als Embryo den Weg von den Fischen über die Amphibien und die Reptilien bis hin zu den Säugern, der evolutionär im Menschen mündete, noch einmal; zweitens eine holobiontische Dimension, in der wir ganz real mit einer Vielzahl anderer Wesen (Bakterien und Viren) koexistieren, die mehr als neunzig Prozent des Hologenoms ausmachen, ohne das wir nicht leben könnten; und eine kulturelle Dimension, in der wir Menschen ein Ergebnis und ein Kreuzungspunkt zahlreicher kultureller Strömungen und Errungenschaften sind. Wir sollten uns dieser Mehrdimensionalität bewusst sein und ihr gemäß leben – erst dann werden wir recht praktizieren, was es heißt, ein Mensch zu sein.

Zweitens geht es darum (und das ist gar noch schwieriger und langwieriger), die Konsequenzen aus der neuen Einsicht in die Zusammengehörigkeit von Mensch und Natur zu ziehen. Das wird zahlreiche Facetten unseres Denkens und

Handelns betreffen. Wir müssen das ganze Konvolut unserer Einstellungen und Überzeugungen umdenken. Denn sie basieren auf dem alten Dualismus. Mit dem Zusammenbruch dieser Basis aber werden auch die auf ihr errichteten Gebäude hinfällig. Man muss umbauen und neu bauen. Die herkömmlichen Kategorien unserer Selbst- und Weltauslegung hatten die dualistische Denkweise zur Grundlage. Da wird es mit ein paar Retuschen nicht getan sein. Es bedarf vielmehr einer grundsätzlichen Revision unserer Kategorien im Licht der neuen Gemeinsamkeit von Mensch und Natur.[22] Das betrifft Konzepte wie Körper und Seele, Menschlichkeit und Natürlichkeit, oder ethische Fragen wie das Verhältnis zu Tieren, politische Fragen wie die Verantwortung für die Umwelt in einer globalisierten und durch eine Klimakatastrophe bedrohten Welt – und ebenso sind Fragen der Religion, der Ökonomie oder der Individualität und der Solidarität betroffen.

Neuzeitlich und modern hatten Exklusivität und Alterität als Leitlinien gegolten. Heute bildet die Gemeinsamkeit von Mensch und Welt bzw. Natur die leitende Perspektive. Denker, die auf dem Erkenntnisstand der Zeit sind, bemühen sich, diese Konvergenz zu artikulieren und die nötigen Folgerungen daraus zu ziehen. Bürgerbewegungen fordern Veränderungen, die angesichts der Gemeinsamkeit von Humanem und Nicht-Humanem geboten sind. Im Alltag zeichnen sich immer mehr Veränderungen ab, die mit dem Abrücken von alten Humanprivilegien (Intelligenz, Verfügungsgewalt, Autonomie) zusammenhängen.[23]

Schließlich gilt es, ein neues und angemessenes Verständnis des Organischen zu gewinnen. Im alten Dualismus von Geist versus Materie fiel das Organische sozusagen durch beide Raster: Es ist ja weder rein geistig noch rein materiell zu fassen. Es besitzt eine eigene Seinsweise, die einerseits Geistiges, wie beispielsweise Selbstbezüglichkeit, und andererseits Materielles, wie unsere körperliche Stofflichkeit, umfasst und verbindet. Vielleicht würden wir Menschen am besten einen Mittelweg einschlagen, indem wir uns nicht einfach als Geistwesen oder als bloße Materie, sondern genuin als *Organismen* verstehen. Als Organismen sind wir aktiv und eingebunden zugleich. Und sind mit dem Schicksal anderer Organismen verbunden. Wenn wir nicht nur unsere Mitmenschen, sondern auch all die Lebewesen um uns wirklich als *Organismen* ansehen und begreifen, dann schwenken wir auf einen Denk- und Empfindungsweg des *Lebens* ein – zwischen bloßer Materialität und reiner Spiritualität. Dann können wir diese beiden Pole recht, nämlich aus der Mitte der Lebendigkeit verstehen und beginnen, mit *Lebendigem* zu leben und so selbst wirklich *lebendig* zu sein. – Machen wir uns auf den Weg!

Civitas oder Kosmos?

Verträgt sich ein solch veränderter Lebensentwurf mit der städtischen Existenz? Die Stadt war von Anfang an ein problematisches Gebilde. Die Stadt errichtet ihre eigene Ordnung. Und das bedeutet: Sie schließt sich gegen das Umfeld ab (Stadtmauern, Gesetze etc.). Andererseits kann sie ohne dieses Umfeld nicht existieren: Sie braucht das Land, die Luft, Verkehrswege und Handelsbeziehungen. Die Stadt mag sich für autonom halten, autark ist sie nicht.

Darin gleicht sie den Organismen. Auch diese sind hochgradig innengeregelt – außen ist alles anders. Aber die Organismen bedürfen zugleich des Austauschs mit dem Äußeren. Die Durchlässigkeit der Grenze ist entscheidend – von der Zellwand der Einzeller bis zur menschlichen Haut. Unterscheidung ist vital, Abschottung wäre letal. So auch bei der Stadt. Eine Stadt, die nur noch die Stadt kennt, verknöchert, wird zum Friedhof.

Oder kann eine innere Dynamisierung das Starrwerden nach außen ausgleichen? Das glaubt man heute. Man meint, unsere Städte – die von mittlerer Größe und auch manch kleinere, vollends aber die Megacities – seien in sich so vielfältig geworden, dass jedes Außen sich schon im Inneren finde. Das Stichwort dafür lautet »Transkulturalität«.[24] Wie sich heute weltweit in jedem Land der Erde auch Angehörige aller anderen Länder dieser Erde befinden, so mischen sich in den Städten Mitglieder aller möglichen Ethnien, Kulturen und Traditionen. Man muss nicht mehr zu einem anderen Kontinent reisen, um international zu essen oder zu shoppen, sondern kann das im eigenen Stadtbezirk tun; man muss nicht mehr nach Japan fahren, um den Zen-Buddhismus kennenzulernen, sondern kann das im Kulturzentrum um die Ecke erledigen; und man muss sich nicht mehr in exotische Regionen aufmachen, um Clanjustiz kennenzulernen, sondern erfährt genug darüber aus Berichten in der Stadtzeitung. Das Außen ist Innen. Die Stadt ist all-inclusive geworden.

Im Folgenden will ich zu den beiden bisher angedeuteten Problemlinien ein paar Überlegungen anstellen. Kann die Stadt – so sehr sie heute transkulturell erweitert und modifiziert sein mag – ein zureichender Ort der menschlichen Identität sein? Und ist Transkulturalität, wenn sie als Durchmischung und Durchdringung unterschiedlicher kultureller Muster verstanden wird, schon zureichend gedacht?

1. Stadt oder Kosmos?

a. Sokrates

Es gibt eine Urszene der Stadtphilosophie. Platon schildert, wie der junge Phaidros den älteren Sokrates vor die Tore Athens führt, in die Gefilde des Ilissos, um mit ihm ein philosophisches Problem zu diskutieren. Dort trägt sich Wundersames zu. Sokrates ist von der Schönheit des Ortes völlig überrascht und beginnt, mit überschwänglichen Worten die Bäume und Büsche, den Bach, den Wohlgeruch der Pflanzen, die angenehme Brise und die einladenden Wiesen zu beschreiben. Phaidros ist verdutzt. Der alte Sokrates scheint der Schönheit der Natur zum ersten Mal zu begegnen. Hat er dergleichen noch nie wahrgenommen?

> Du wunderbarer Mann zeigst dich ganz seltsam. Denn [...] einem Fremden gleichst du, der sich umherführen lässt, und nicht einem Einheimischen. So wenig wanderst du aus der Stadt über die Grenze, noch auch selbst zum Tore scheinst du mir hinauszugehen.[25]

Sokrates stimmt zu. Er ist ein völliger Stadtmensch. Und er gibt eine philosophische Begründung dafür: »Ich bin eben lernbegierig, und Felder und Bäume wollen mich nichts lehren, wohl aber die Menschen in der Stadt.«[26] Sokrates kommt es nur auf eines an: zu erkennen, was der Mensch ist. Dann erst könne man sich dem Anderen, etwa der Natur, zuwenden. Solange er noch nicht wirklich erkannt habe, was der Mensch sei, komme es ihm »lächerlich« vor, »an andere Dinge zu denken«.[27] Sokrates stellt also eine Reihenfolge auf: Als Erstes gilt es zu erkennen, was der Mensch ist; dann erst wird man auch anderes recht zu erkennen und zu bewerten vermögen. Die Selbsterkenntnis des Menschen ist die Voraussetzung für die Erkenntnis alles anderen.

Dies ist eine Schlüsselszene der Konzentration auf die Stadt und den Menschen. Freilich kann man ihr zugleich die Grenze des städtischen Denkens entnehmen: Wenn dieses sich doch einmal über die Stadt hinausbewegt, so nimmt es gleichwohl deren Tore mit und unterwirft das Freie deren Maß. Die Stadtexistenz ist für das städtische Denken das einzige und universale Maß.

Sokrates' Position ist, historisch betrachtet, neu. Die Philosophen vor ihm (die man seit dem 19. Jahrhundert als »Vorsokratiker« bezeichnet) hatten nicht die Stadt, sondern den Kosmos zum Maß genommen. Kosmische Gesetzlichkeiten – die Logik der Gegensätze (Heraklit) oder das Gesetz des Entstehens und Vergehens (Anaximander) oder der Antagonismus zwischen Geist und

Materie (Anaxagoras) – sollten auch den menschlichen Bereich bestimmen.

Sokrates hat sich von diesem kosmosbezogenen Denken abgewandt und sich entschieden der *menschlichen Welt* verpflichtet. Und die Philosophiegeschichte hat Sokrates für diese Tat immer wieder gerühmt. In seiner Zuwendung zur Stadt- und Menschenwelt hat man die besondere Leistung des Sokrates gesehen. Sokrates, so liest man es über die Jahrhunderte (von Cicero über Montaigne bis zu Herder), hat die Philosophie vom Himmel auf die Erde heruntergeholt.[28] Sokrates ist der erste konsequente Anthropiker.

b. Moderne

Die nachfolgende Philosophie mochte sich gelegentlich wieder kosmischen Aspekten zuwenden (prominent tat das beispielsweise der Neuplatonismus oder später, unter schöpfungstheologischen Prämissen, die christliche Philosophie), aber mit der neuzeitlichen Philosophie kam es dann endgültig zur Beschränkung auf die Menschenwelt. Im Kern ging es nur noch um den Menschen, Spekulationen über den Himmel oder andere Geister waren allenfalls noch Beiwerk. Diderot hat diese moderne Position, wie schon im vorangegangenen Abschnitt ausgeführt, im Jahr 1755 exemplarisch formuliert: »Der Mensch ist der einzigartige Begriff, von dem man ausgehen und auf den man alles zurückführen muss.«[29] Das schreibt Diderot, als er den zentralen Gedanken und das Gliederungsprinzip der *Enzyklopädie* erläutert. Er meint, dass es unsinnig wäre, von der Struktur der Welt oder dem Blickpunkt Gottes auszugehen, weil die Welt in Wahrheit erst durch den Menschen Sinn erhält. In allem muss man vom Menschen ausgehen und alles auf den Menschen zurückführen. Das ist die Position der Moderne.

c. Jenseits der Position der Moderne

Aber es gibt eine Vielzahl von Argumenten, welche diese Position widerlegen. Philosophisch steht das Selbstwidersprüchlichkeitsargument an erster Stelle: Die Behauptung, dass wir die Welt nur aus einem menschlichen Blickwinkel kennen, könnte objektive Gültigkeit nur dann beanspruchen, wenn sie von einem überlegenen neutralen Blickpunkt aus erfolgte, eben ein solcher aber soll uns grundsätzlich verwehrt sein, also ist die genannte Behauptung selbstwidersprüchlich. Inhaltlich ergeben sich, wie zuvor schon ausgeführt, durchschlagende Einsprüche aus Befunden der modernen Wissenschaft: Die Natur ist keineswegs so geistlos, wie Neuzeit und Moderne unterstellt haben; im Gegenteil: Geist ist ein emergentes Produkt natürlicher Prozesse. Und der Mensch ist keineswegs ein exklusiver Geistbesitzer, sondern Rationalität findet sich (in abgestufter Form) auch schon bei anderen Lebewesen, von den Schnecken (deren Lernmechanismen uns noch immer innewohnen) über die Vögel bis hin zu den anderen Primaten (von denen wir Menschen all unser grundlegendes Wissen über die Strukturen von Objekten in dieser Welt übernommen haben). Die Beachtung der Evolution hebt die falschen alten Basisannahmen der Moderne aus den Angeln – die Geistferne der Natur, die Geistexklusivität von Homo sapiens und die Annahme, dass der Mensch ein Wesen von ganz eigener Art sei und nicht in einer Kontinuität mit dem anderen Seienden stehe. Die evolutionäre Perspektive zeigt, dass wir Menschen grundlegend welthafte Wesen sind und uns erst dann recht verstehen werden, wenn wir uns als Weltwesen begreifen. Nicht *homo humanus*, sondern *homo mundanus* ist die zutreffende Bestimmung des Menschen.

Und unter »Welt« ist dabei nicht etwa nur (wie inzwischen allzu üblich geworden) der Planet Erde, sondern durchaus der Kosmos im Ganzen zu begreifen. Wie hatte der Vorsokratiker Demokrit gesagt? »Einem weisen Mann steht jedes Land offen. Denn einer trefflichen Seele Vaterland ist das Weltall.«[30] Und schon Anaxagoras hatte gegen den Vorwurf, er habe kein Herz für sein Vaterland, beteuert, dass ihm nichts mehr am

Herzen liege als dieses – wobei er auf den Himmel zeigte.[31]

Vielleicht käme es darauf an, diese kosmische Dimension wiederzugewinnen, ihr in unserem Selbstverständnis Raum zu geben und sie fruchtbar zu machen. Gegen die Selbstverkleinerung des Menschen, wo er sich nur noch als Mensch und Bürger einer Stadt sieht, gilt es die Weite der Welt wiederzugewinnen. Um es mit Robinson Jeffers, dem großen Dichter des kalifornischen Pazifiks, zu sagen: »Wir müssen unsere Ansichten ein wenig entmenschlichen und selbstbewusst werden, wie der Fels und der Ozean, aus dem wir gemacht sind.«[32] Oder auch:

> Nur eine klare Sinn- und Akzentverschiebung vom Menschen hin zu dem, was nicht Mensch und auch nicht ein von Menschen erträumter Gott ist, eine Projektion des Menschen.[33]

2. Transkultureller Kosmopolitismus

Aber wird dieser Wunsch nach einem nicht engmenschlichen, sondern kosmisch getönten Selbstverständnis nicht längst durch eine Figur erfüllt, die heute sehr anerkannt und verbreitet ist: durch den Kosmopoliten? Stellt er nicht die zeitgenössische Form eines Bewohners des Kosmos dar –

ein modernes Pendant zu Demokrit und Anaxagoras?

Natürlich nicht. Der heutige Kosmopolit ist kein Bewohner des Kosmos, sondern maximal des Planeten Erde. Wenn die Stoiker von einem »Kosmopoliten« sprachen oder davon, dass man ein Leben gemäß der Welt führen solle, dann hatten sie wirklich die ganze Welt – den Kosmos, das Universum – im Sinn. Ein »Weltmann« war einer, der für sein Leben am Kosmos Maß nahm. Wer hingegen heute von einem »Kosmopoliten« spricht, der meint nur noch einen kompetenten *Erden*bürger, einen Erdinternationalen. So sehr ist das kosmische Bewusstsein geschrumpft.[34]

Gleichwohl: Der zeitgenössische Kosmopolit ist nicht ein bornierter Stadtbürger, für den sich die Welt (wie für Sokrates) nur innerhalb von Stadtgrenzen abspielt, sondern er kennt Stadt und Land, Kontinente und Staaten und die vielen Kulturen, die auf diesem Planeten existieren. Sein Blick ist weit, seine Umgangsformen sind flexibel, er kennt die Genüsse wie die Gefahren dieser Welt. Er mag die Urbanität schätzen, aber auch das Landleben, das gelegentliche Aufgehen in der Masse oder auch einsame Stunden des Selbstgenusses.

Kurz gesagt: Der zeitgenössische Kosmopolit ist hochgradig transkulturell. Er ist mit den vielen kulturellen Eigentümlichkeiten auf dieser Welt vertraut, hat Erfahrungen mit der ökonomischen, der wissenschaftlichen oder der künstlerischen Kultur gemacht (auch die sportlichen und erotischen Kulturen nicht zu vergessen), ist informiert und interessiert, hält sich auf dem Laufenden und ist für Neues offen.

Und für all das steht ihm heute ein wunderbares Hilfsmittel zur Verfügung. Er muss nicht mehr anstrengende Reisen unternehmen, sich nicht mehr der Freundlichkeit oder Aufdringlichkeit hilfsbereiter Menschen aussetzen und nicht mehr die Tausend und Abertausend Stätten der diversen Kulturen aufsuchen. Heute genügen dafür ein Tablet und eine gute Internetverbindung.

Die Transkulturalität hat heute in den Städten zwar ihren unübersehbaren Auftritt, aber ihr eigentliches Entfaltungsfeld ist das Internet. Dort kann man mit ungleich mehr unterschiedlichen Menschen kommunizieren als in irgendeiner Stadt, dort erlangt man Informationen über alle möglichen Kulturen, Subkulturen und Parakulturen, dort sind Hybridisierung und Durchmischung intensiver als irgendwo sonst. Das Internet ist der neue Hort und Motor der Transkulturalität.

Die Stadt wird demgegenüber zunehmend sekundär. Die Transkulturalität, die man in der Stadt erfährt und lebt, mag zunächst aufregend sein, geht aber bald in Gewohnheit und Routine über. Man trifft mit der Zeit nur noch dieselben

Leute, besucht die gleichen Veranstaltungen oder Lokale, beschränkt sich auf einen bestimmten Ausschnitt aus den transkulturellen Möglichkeiten. Im Internet hingegen greift man weiter aus, wendet sich immer wieder anderem zu, entdeckt in kurzer Zeit und mit Leichtigkeit ungeahnt Neues. Die Mühelosigkeit ist entscheidend. In der Stadt müssen wir uns physisch zum anderen hinbewegen, was mit viel Zeitaufwand, Koordinierung, Verkehr und körperlichen Anstrengungen verbunden ist. Im Internet ist alles leicht. Ein paar Tastenanschläge – und schon kann man in andere Welten und Erfahrungen eintauchen. Das Netz bietet Datenautobahnen, die Stadt hingegen meist nur verstopfte Straßen.

Man sage nicht, die digitale Zuwendung zu Transkulturalität sei oberflächlich, setze sich dem Anderen nicht wirklich aus, sondern streife dieses nur. Erstens ist das bei »realen« Begegnungen oft nicht anders. Und zweitens (und vor allem) entscheiden über Intensität nicht äußere, sondern innere Faktoren. Ausschlaggebend ist, wie der Kopf sich verhält, was sich im Kopfe tut. Wenn der Kopf nicht begierig ist nach transkulturellen Erfahrungen (und nehmen wir getrost auch Herz und Bauch hinzu), dann spielt sich nur wenig ab, egal ob real oder digital. Wer hingegen seine eigene Existenz als transkulturell empfindet, der wird nur leben wollen, indem er sich in transkulturelle

Situationen hineinbegibt. Und dies ist heute – ich wiederhole es – digital weitaus umfangreicher und intensiver möglich als real. Die Stadt mag noch der bevorzugte Aufenthaltsort des zeitgenössischen Kosmopoliten sein – sein wahres und ideales Aktionsfeld ist das Netz. Die kosmopolitische Seite der Transkulturalität erfüllt sich nicht in der Polis, sondern im World Wide Web.

3. Nachgedanke: Transkulturalität als Überschreitung kultureller Prägungen

Abschließend will ich mich noch einmal dem Problem zuwenden, dass frühere Epochen unserer eigenen Tradition sowie etliche andere Kulturen sich nicht an der Stadt und dem Menschen, sondern am Kosmos orientiert haben. Der moderne Kosmopolitismus, sagte ich zuvor, ist im Vergleich zum antiken Kosmopolitismus oder zum Selbstverständnis anderer Kulturen ein Schrumpfphänomen: Das Ganze wird vom Großmaß des Kosmos auf das Zwergenmaß der menschlichen Welt verengt.

Könnte »Transkulturalität« hier eine Korrektur anbieten? Das ist jedenfalls dann der Fall, wenn man ihrem Begriff eine neue Facette hinzufügt. Üblicherweise versteht man das in »Transkulturalität« enthaltene »trans« so, dass es zum einen darauf hinweist, dass die heutige Verfassung der Kulturen *jenseits* der vormals angenommenen kugelhaften Verfassung der Kulturen liegt und dass dies zum anderen insofern der Fall ist, als die kulturellen Determinanten heute quer durch die diversen Kulturen *hindurch*gehen. Aber könnte und sollte man in »Transkulturalität« nicht noch einen dritten Anklang vernehmen? Nämlich den Appell zu einer Position jenseits aller kulturellen Prägungen? Ich denke dabei an eine Position, welche die vielen kulturellen, interkulturellen und transkulturellen Determinanten einerseits berücksichtigt, andererseits aber ihnen gegenüber auch einen weiteren Aspekt als für die Verfassung des Menschen entscheidend ansieht: seine kosmische Bezogenheit, die schon vor allen kulturellen Prägungen und bleibend jenseits ihrer besteht. Schließlich bestehen unsere Körper zu 92 Prozent aus kosmischer Materie – wir haben fürwahr eine stellare Natur. Und möglicherweise ist das Leben auf der Erde nicht irdischen Ursprungs, sondern verdankt sich einem kosmischen Input. Wer ganz verstehen will, was der Mensch ist, der muss jedenfalls hinter die kulturelle Evolution (die vor ca. 40 000 Jahren begann) zurückgehen und die gesamte Wegstrecke der kosmischen und der biologischen Evolution mit ins Auge fassen. Wir sind nicht einfachhin kulturelle, wir sind auch vorkulturelle und natürliche Wesen. Und wir haben all unsere kulturellen Errungenschaften im Ausgang von Naturvorgaben entwickelt. Ein zureichendes Verständnis des Menschen muss nicht nur seine kulturellen, interkulturellen und transkulturellen Prägungen ins Auge fassen, sondern auch seinen präkulturellen und kosmischen Voraussetzungen und Ermöglichungen Aufmerksamkeit schenken.

Der Mensch ist nicht einfach ein Produkt der Stadt (diese repräsentiert vielmehr nur eine kurze, wenngleich imposante Wegstrecke seiner Entwicklung). Der Mensch ist ein Weltwesen. »Transkulturalität« spielt auch darauf an.

Menschen und andere Lebewesen

»Theory has gone to the birds …
And to apes, dogs, and horses«[35]

1. Inwiefern könnte ein »animal turn« für die Kulturwissenschaften nützlich sein?

Neuerdings ist die Rede davon, dass die Kulturwissenschaften einen »animal turn« vollziehen sollten. Warum sollten sie einen solchen benötigen? Wovon sollte diese Wende sie befreien? Die Antwort lautet einhellig: vom Anthropozentrismus, von der Anmaßung, in allem vom Menschen auszugehen und alles auf den Menschen zurückzuführen. Das scheint zwar auf den ersten Blick eine überflüssige Forderung zu sein, denn die Kulturwissenschaften gehen ja gar nicht vom Menschen aus. Kulturwissenschaft ist etwas anderes als Anthropologie. Die Kulturwissenschaften thematisieren die Vielfalt der Kulturen, nicht die Einfalt des Menschen. Allerdings kann gerade so durch die Hintertür doch wieder ein Anthropozentrismus zur Wirkung kommen, denn Kultur in einem nennenswerten Umfang und kumulativem Modus findet sich nur beim Menschen. Daher feiert die humane Exklusivität, wie die philosophische Anthropologie sie stets proklamiert hatte, im Medium der Kulturwissenschaften seit Langem fröhliche Urständ. Wo alles einer kulturellen Perspektive überantwortet wird, rückt erneut der Kulturtäter par excellence, der Mensch, ins Zentrum.

Das könnte ein »animal turn« gewiss kurieren. Denn erstens würde dadurch deutlich, dass es schon im Tierreich mehr an kultureller Differenzierung und kultureller Findigkeit gibt, als man gemeinhin annimmt.[36] Zweitens würde man erkennen, dass tierische und menschliche Kulturtätigkeit keineswegs ganz verschieden sind. In beiden Fällen geht es zunächst um Lebenssicherung unter unsicheren Bedingungen, also um etwas durchaus Notwendiges; und in einem zweiten Schritt dann um Luxuriöses, um Optimierung, Capricen und Spleens – man denke nur an die Entwicklung von ästhetischem Sinn und ästhetischen Praktiken im Tierreich, wo in der sexuellen Selektion das Regime der Stärke zunehmend durch das der Schönheit und Extravaganz abgelöst wurde, oder an die menschlichen Moden und Kulturevents.[37] Drittens käme in den Blick, dass die menschliche Existenz nicht eine von den anderen Lebewesen separierte Existenz ist, sondern stets die Form einer human-animalischen Koexistenz besitzt.

2. Der Mensch: konstitutiv mit Tierischem verwoben

Zunächst sei der letztere Gesichtspunkt etwas breiter erwogen. Wir Menschen sind nicht, wie der Hauptstrom der traditionellen Anthropologie (von Pythagoras bis Scheler) unterstellt hatte, vom Himmel gefallen, sondern sind Produkte der Evolution und beruhen insofern auf einer immensen animalischen Vorgeschichte. Jeder von uns bezeugt das. Denn im embryonalen Stadium haben wir alle nicht als Menschlein begonnen, sondern sahen zunächst wie ein Fisch aus, dann wie ein Amphibium, daraufhin wie ein Molch oder Salamander, anschließend wie ein säugerähnliches Reptil, und erst Ende der achten Woche ließ sich erahnen, dass ein Mensch im Entstehen ist. Der menschliche Embryo durchläuft in seiner ontogenetischen Entwicklung den gesamten phylogenetischen Weg, der evolutionär zu uns Menschen geführt hat – den Weg von den Fischen über die Amphibien und die Reptilien bis zu den Säugern – im Zeitraffer noch einmal.[38]

Man sollte sich gelegentlich eine evolutionäre Karte der menschlichen Anatomie vor Augen führen. Auf ihr wären, von einzelnen Teilen unseres Körpers ausgehend, die langen Linien einzuzeichnen, die zur Ersterfindung unserer Organe oder Fähigkeiten zurückreichen. Da sähe man zum Beispiel, dass der Blutkreislauf evolutionär schon vor gut 600 Millionen Jahren entstanden ist, das zentrale Nervensystem vor 590 Millionen Jahren, die Lungenatmung vor ca. 380 Millionen Jahren und das beidäugig koordinierte Sehen vor über 220 Millionen Jahren.[39] Und von diesen animalischen Ersterfindungen führt eine direkte Linie zu uns Homines sapientes, die wir erst seit vermutlich 300 000 Jahren existieren. In der Evolution wurde nämlich eine einmal gemachte Erfindung im Allgemeinen nicht noch einmal – etwa kürzer, raffinierter oder effizienter – nachgemacht, sondern sie wurde grundsätzlich beibehalten und in den später entstehenden Individuen erneut ausgeprägt und allenfalls artspezifisch modifiziert. So ist etwa das Auge in der Evolution nur einmal erfunden worden. Zwar haben sich daraufhin unterschiedliche Typen von Augen entwickelt (etwa das Wirbeltierauge im Unterschied zum Insektenauge), aber bei allen Lebewesen, die Augen besitzen, beginnt die Augenbildung noch immer durch dasselbe Regulator-Gen, das schon für das Urauge verantwortlich war. So zehren wir alle von uralten Erfindungen – von *animalischen*, nicht von humanen Erfindungen. Die Phylogenese liegt nicht *hinter* uns, sondern wohnt uns *inne*, sie formt noch immer einen jeden von uns.[40] Wir bergen in uns die Hox-Gene von Drosophila, das Kollagen der Quallen, die

Lernmechanismen der Schnecken, das Objektwissen der Primaten usw. Wir sind mit diesen anderen Wesen evolutionär verwandt, wir zehren von ihrer Erbschaft.

Aber sind wir dann, wenn erst einmal die Ontogenese und weite Teile unserer Epigenese abgeschlossen sind, sind wir als Erwachsene nicht endlich ganz einfach die Individuen, die wir sind? Natürlich erneut nicht. Und wiederum schon einfachhin biologisch nicht. Man könnte meinen, unsere Identität sei durch das Genom von Homo sapiens und im Besonderen durch den Genmix unserer Eltern bestimmt. Aber unsere Genmatrix ist bei Weitem – darauf wurde schon im zweiten Abschnitt hingewiesen – nicht bloß human, sie ist sogar zum größten Teil nichthuman. Denn wir sind nur im Verbund mit einer Vielzahl von Mikroorganismen lebensfähig. Unzählige Bakterien besiedeln unsere Haut, bewohnen unseren Mund, unseren Darm und selbst unsere Lunge. Eine realistische Betrachtung des Genoms, das uns ausmacht, muss daher auch das Genom dieser Bakterien in Rechnung stellen. Und da sind die Zahlenverhältnisse schier unglaublich. Maximal 10 Prozent unseres Hologenoms sind human, der Rest ist bakteriell. Wir bestehen aus etwa 10 Billionen Zellen, aber auf und in uns befinden sich etwa zehnmal so viele Bakterien. Und wenn man die uns ebenfalls bevölkernden Viren hinzunimmt, zeigt sich, dass unser Humangenom sogar deutlich weniger als 10 Prozent von uns Menschen ausmacht.[41]

Wie menschlich also, oder anders gefragt: wie animalisch sind wir? Wir sind von unserer ganzen evolutionären Genese her animalisch multipel, versammeln die Errungenschaften zahlreicher Lebewesen in uns und zehren davon. Und wir sind buchstäblich nur durch die Symbiose mit zahllosen uns bevölkernden Bakterien und Viren lebensfähig, bedürfen ihrer Kooperation. Wir sind essentiell ein animalischer Verbund.

Darüber hinaus sind wir nicht nur an uns selbst, sondern auch in all unseren Umweltbeziehungen mit Tierischem untrennbar verwoben. Unsere Welt ist ein gigantischer Zoo – Lebewesen (*zōa*) überall. Ein einziges Gramm Erdboden kann bis zu einer Milliarde Bakterienzellen mit einer Diversität von bis zu einer Million Arten enthalten. Hinzu kommen Pilze, Nematoden, Protozoen usw., sodass sich in diesem einen Gramm bis zu 10 Milliarden Mikroorganismen finden können. Gehen wir in den für uns sichtbaren Bereich über, so finden wir schier überall Pflanzen. Und natürlich jede Menge an Tieren, von Insekten über Vögel bis hin zu unseren Haustieren und zahlreichen Wildtieren. Wir leben in einer Welt voll anderer Organismen.

Der wichtige Punkt ist dabei, dass diese Lebewesen in unserer Umwelt nicht nur vorkommen, sondern dass sie Akteure sind, welche die Gestalt dieser Umwelt mitprägen. Sie sind nicht einfachhin neutrale Vorkommnisse in der Umwelt, sondern aktive Gestalter derselben. Alle Lebewesen sind aktiv. Sie sind von ihrer Konstitution her Selbstbetreiber. Und sind das auch dadurch, dass sie auf ihre Umwelt einwirken (etwa durch Verbrauch von Umweltressourcen oder durch eine Veränderung ihres Habitats und allgemein durch Interaktionen mit anderen Lebewesen). Auch wir Menschen sind Akteure in diesem großen Verbund, in diesem Zoo der Lebewesen. Und sind, ebenso wie die anderen Lebewesen, ebenfalls von den Wirkungen und Folgen der Zoo-Gesamtaktivität betroffen. Beispielsweise wurde unsere Existenz (wie die der anderen Atmer auch) nur dadurch möglich, dass vor ca. 2,5 Milliarden Jahren Cyanobakterien anfingen, die Erdatmosphäre mit Sauerstoff aufzuladen (den es vorher nicht gegeben hatte); und wir sind heute noch immer auf die Sauerstoffproduktion durch pflanzliche Photosynthese angewiesen. Oder nehmen wir das Beispiel der Korallenriffe: Millionen von nur einige Millimeter großen Steinkorallen scheiden ein Außenskelett aus Kalk ab, und dadurch entsteht ein imposanter neuer Lebensraum für eine Vielzahl anderer Lebewesen (Algen, Schwämme,

Seeigel, Garnelen, Krebse, Fische) – und ein Eldorado für menschliche Freizeitaktivitäten (mit all den Ambivalenzen eines Eldorados). Generell: Unsere Umwelten, ja die Gestalt der Erde insgesamt, sind weithin ein biogenes Produkt, sind das Ergebnis mannigfacher und miteinander verzahnter Aktivitäten von Lebewesen. Gewiss: Den Anfang hatten, mit der Bildung des Sonnensystems vor ca. 4,6 Milliarden Jahren, kosmische Prozesse gemacht. Aber seit der Entstehung des Lebens (die dann schon recht früh, nämlich bereits vor nahezu 4 Milliarden Jahren erfolgte) haben auch biotische Effekte das Antlitz der Erde geprägt. Nicht erst der Mensch tut das seit gut 250 Jahren, wie das Schlagwort vom »Anthropozän« es zum Ausdruck bringt, sondern die Erdgeschichte stellt weithin ein »Zoozän« dar, ist durch die Aktivitäten von Lebewesen bestimmt.[42] Als (vor ca. 400 Millionen Jahren) die ersten Tiere an Land gingen, hat das die Vegetation drastisch verändert. Oder Tiere spielten bei der Versteppung von Landstrichen eine beträchtliche Rolle. Und noch unsere Kulturgeschichte weist etliche animalische Konditionierungen auf. Hunde haben die Ausbildung der komplexen sozialen Strukturen des Menschen befördert, und selbst die Laus hat ihren Beitrag zur Französischen Revolution geleistet.[43]

Wir führen unser Leben also in einer von zahllosen anderen Lebewesen bevölkerten und geprägten Umwelt. Und ebenso, wie wir auf diese Lebewesen einwirken, unterliegen wir auch umgekehrt deren Wirkungen – von unseren Existenzgrundlagen angefangen (wir können uns nur von anderen Lebewesen ernähren; das gilt, manchmal leider übersehen, selbst für den strengsten Vegetarier) über zahlreiche Annehmlichkeiten (der Gesang der Vögel erfreut uns und hat manche Komponisten von Mozart bis Messiaen inspiriert) bis hin zu diversen Gefahren (zu Epidemien oder der Tatsache, dass heute Wildschweine in die Randzonen unserer Städte eindringen).

Tiere sind nicht das Andere. Sie sind unsere Symbionten, unsere Gefährten, unsere Mit- oder Gegenspieler, unsere Kohabitanten. Wir alle sind Teil einer einzigen Population – der Gemeinschaft der Lebewesen. Nur scheinbar führen wir unser Leben in einer menschlich abgekapselten Welt; in Wahrheit leben wir in einer Umwelt, die Milliarden mal mehr an anderen Lebewesen als an Menschen umfasst und die ohne deren Aktivitäten eine ganz andere wäre.[44]

Aus den genannten drei Gründen – weil animalische Errungenschaften unsere Konstitution bestimmen; weil wir somatisch nur im Verbund mit Billionen von Mikroorganismen lebensfähig sind; und weil unsere Welt eine gemeinsame Welt von Menschen und zahllosen anderen Lebewesen und ein Produkt von deren wechselseitiger Aktivität ist – ist es unmöglich, auch nur halbwegs realistisch vom Menschen zu sprechen, ohne zugleich von vielen anderen Lebewesen zu sprechen. Eine reine Anthropologie käme einer Sackgasse gleich; Wahrheit kann die Anthropologie nur im Kontext einer Zoologie erlangen.[45]

Wenn wir endlich anfingen, uns solcherart realistisch zu verstehen, also uns unserer vielfältigen animalischen Verbundenheiten nicht nur abstrakt bewusst zu sein, sondern uns konkret und basal demgemäß zu verhalten, so wäre unglaublich viel gewonnen. Wir wären schon auf uns selbst blickend ganz offen für die animalische Welt. Wir müssten dafür nicht erst ideologische Gräben überspringen und nachträgliche Gedankenakrobatik betreiben.

3. Die Malaise des modernen Denkens

Das traditionelle Denken aber war von einer kategorischen Unterscheidung zwischen Mensch und Tier behext. Schon in der Antike galt die Rationalität als Alleinstellungsmerkmal des Menschen, das ihn absolut über das Tierreich hinausheben sollte. Für das neuzeitliche Denken traten Mensch und Tier dann noch weiter auseinander. Die Tiere sollten nicht einmal mehr *animalia*, also mit Seele (*anima*) begabte Wesen, sondern nur noch mechanische Automaten sein. Sie fielen – im Zug der Cartesischen Dichotomie von *res cogitans* und *res extensa* – nicht nur aus der Sphäre der Rationalität, sondern schon aus der der Lebendigkeit heraus. So radikal neuartig war das neuzeitliche Naturverständnis. Aus Natur wurde, im Unterschied zu den antiken und mittelalterlichen Konzeptionen, welche die Natur als Stätte eines weltlichen oder göttlichen Logos verstanden hatten, ein Reich bloßer Materialität und Mechanik – absolut geistlos und noch des klassischen weltlichen Pendants zu Geist, der Lebendigkeit beraubt. Damit war zugleich auf der anderen Seite der Geist (der einst als das innerste Prinzip der Natur gegolten hatte) zu einem strikt naturexternen Prinzip geworden, und infolgedessen war dann auch der Mensch, als das klassische Geistwesen, zum Weltfremdling geworden.

Daraus ergab sich schließlich – wie schon im zweiten Abschnitt ausgeführt – zwingend das anthropische Prinzip, also das Leitaxiom der Moderne, demzufolge in allem vom Menschen auszugehen und alles auf den Menschen zurückzubeziehen sei. Da der Mensch, dem neuen Bruch zwischen Geist und Natur entsprechend, mit der Welt kein gemeinsames Maß hat, kann er gar nicht anders, als in allem von sich selbst auszugehen und alles auf sich zurückzubeziehen. Über die Welt als solche vermag er nichts zu sagen. Er kann sie nur von sich aus mit Sinn begaben und so eine *Welt für die Menschen* aufbauen. Daher der tiefsitzende *Konstruktivismus* des modernen Denkens. Auch die Kulturwissenschaften waren lange Zeit davon betroffen.

Im Übrigen beachte man, dass diese moderne Position von allen vorangegangenen Versionen von Anthropozentrismus deutlich unterschieden ist. Eine Zentralstellung des Menschen hatte sich antik aus der Ordnung des Kosmos oder mittelalterlich aus der Ebenbildlichkeit mit Gott und dem Schöpfungsauftrag des Menschen ergeben – also jeweils von *nicht-menschlichen* Instanzen (Logos bzw. Gott) her. Das anthropische Prinzip der Moderne hingegen stellt eine gleichsam nackte, eine allein vom *Menschen* ausgehende und einzig auf die *conditio humana* gegründete Version von Anthropozentrismus dar.

Natürlich war dieser Anthropismus dann auch für unser Verhältnis zu den Tieren ausschlaggebend: Ihm zufolge konnten wir die Tiere (wie alles andere auch) nur nach unserer Façon verstehen, und wir konnten und durften sie daher auch ganz nach unserer Façon behandeln. Das galt von Descartes' Selbstlob, sein Denken sei nicht grausam gegenüber den Tieren, sondern entlaste die Menschen »von dem Verdacht, mit dem Verzehr oder dem Töten von Tieren ein Verbrechen zu begehen«,[46] bis hin zu Thomas Nagels epistemischer Skepsis, sich in eine Fledermaus hineinversetzen zu können.[47]

4. Gegenoptionen schon innerhalb der Moderne – und ihre Vergeblichkeit

Bevor ich einen Ausweg aus dieser modernen Malaise skizziere, ist darauf hinzuweisen, dass das moderne Denken keineswegs einstimmig an dieser zutiefst dualistischen Auffassung des Verhältnisses von Welt und Mensch festhielt, die nur einen radikalen Anthropismus als gangbaren Weg erscheinen ließ. Vielmehr kam es schon früh zu deutlichem Unbehagen gegenüber diesem Dualismus und zu versuchen, ihn auf die eine oder andere Weise auszuhebeln.

a. Leibniz: Gradualistischer Monismus

So begab sich beispielsweise schon der Dualist Leibniz auf den Weg zu einem gradualistischen Monismus, wo bereits die Materie belebt sein sollte[48] und wo unendliche Schritte von den minimsten Wahrnehmungen bis zur vollkommenen göttlichen Einsicht führen sollten.[49] Das war kühn und fromm. Leibniz hielt am Dualismus fest – seine berühmte Lehre von der prästabilierten Harmonie ist das beredte Zeugnis dafür: Wenn wir in dem Moment, wo ein Ton erklingt, einen Ton hören, so ist das nicht daraus zu erklären, dass der physikalische Ton unser Vernehmen des Tones bewirkt (es gibt keinen solchen Überschritt von der physikalischen in die mentale Sphäre), sondern es ist allein eine Folge dessen, dass Gott die physikalische und die mentale Ereignisreihe von Anfang an perfekt synchronisiert (aufeinander abgestimmt, eben prästabiliert) hat. Das ist die eine, die göttliche Weise, wie der Dualismus bei Leibniz sich überspielt oder ausgehebelt wird. Die andere ist das Kontinuitätstheorem: So wie sich das Tosen der Meeresbrandung aus einer Vielzahl von im Einzelnen nicht wahrnehmbaren Mikrogeräuschen aufbaut, so gilt in der gesamten Natur- und Geisterwelt, dass sich ein einheitlicher Faden vom Kleinsten bis zum Größten durchzieht. Der Dualismus ist der Ausgangspunkt und die Grundlehre, aber die Wahrheit soll dann doch der Einheitlichkeit gelten.

b. Diderot 1769: Sensualistischer Monismus – Abrücken vom anthropischen Prinzip

Ein Kontinuitätsplädoyer findet sich dann auch bei Diderot. Nachdem er 1755 noch das anthropische Prinzip ausgerufen hatte, schlug er 14 Jahre später ganz andere Töne an. Gegen den Cartesischen Dualismus proklamierte er jetzt einen sensualistischen Monismus: »Vom Floh bis zum empfindenden lebendigen Molekül, dem Ursprung von allem, gibt es keinen Punkt in der Natur, der nicht leidet und genießt«;[50] das Empfindungsvermögen ist »eine allgemeine und wesenhafte Eigenschaft der Materie«.[51] Hier nimmt ein neues Bild der Welt Gestalt an. Die Abgrenzungen in der Natur sind bloß vordergründig. Durch Empfindungsfähigkeit ist alles verbunden und miteinander verwandt. Auch der Mensch ist in die große Gemeinsamkeit einbezogen, steht der Natur nicht als Sonderwesen gegenüber:

> Jedes Tier ist mehr oder weniger Mensch, jedes Mineral ist mehr oder weniger Pflanze, jede Pflanze mehr oder weniger Tier. Es gibt keine scharfe Abgrenzung in der Natur … […] Und ihr redet von Individuen, ihr armseligen Philosophen! lasst eure Individuen! […] Es gibt keine, nein, es gibt keine! … Es gibt nur ein einziges großes Individuum, das ist das Ganze![52]

Diderot lässt hier das neuzeitliche Trennungsdenken und das anthropische Prinzip hinter sich. Er war nicht nur der Herold dieses Prinzips, sondern auch sein erster Renegat.

c. Idealismus und Romantik: Überwindung des Dualismus von Natur und Geist

In der Goethezeit wurden die Versuche, über den Dualismus hinauszugelangen, immer zahlreicher. Kant machte 1790 den Anfang, indem er in seiner *Kritik der Urteilskraft* gegenüber der mechanistischen Naturauffassung für ein organisches Naturverständnis eintrat, was implizierte, dass Zwecke sich nicht erst in der menschlichen Welt, sondern schon in der Natur finden, wodurch die beiden Sphären einander angenähert wurden. Schiller hat dann 1793 in seinen *Kallias-Briefen* dargelegt, dass Freiheit – vermeintlich ein Proprium der menschlichen Kultur – sich schon in der Natur findet, dass die Schönheit der Natur im Grunde eine Erscheinung von Freiheit ist und dass die Natur durch ihre schönen Gebilde geradezu einen Appell an uns richtet, endlich ebenfalls frei zu werden.[53] Goethe konnte über einen vermeintlichen Gegensatz von Natur und Geist nur den Kopf schütteln und zeigte, wie präzise Naturerfahrung bis zur Schau von Ideen zu führen vermag, die beiden Seiten somit in einer Kontinuität, nicht in einem Gegensatz stehen.[54] Schelling propagierte philosophisch eine ursprüngliche Einheit von Natur und Geist.[55] Und Novalis machte die schon von Diderot betonte Naturhaftigkeit des Menschen auf seine Weise erneut deutlich:

> Gehören Thiere, Pflanzen und Steine, Gestirne und Lüfte nicht auch zur Menschheit und ist sie nicht ein bloßer Nervenknoten, in den unendlich verschiedenlaufende Fäden sich kreutzen. Lässt sie sich ohne die Natur begreifen –?[56]

Man sieht insgesamt: Der neuzeitliche Dualismus sollte überwunden und der Mensch endlich nicht mehr als weltfremdes Sonderwesen, sondern als Naturwesen inmitten von anderem Naturseiendem begriffen werden.

d. Sperrriegel Naturwissenschaft – inzwischen entsperrt

Aber durchschlagender Erfolg war diesen Bemühungen nicht beschieden. Dem standen die Naturwissenschaften des 19. Jahrhunderts im Weg. Sie verfolgten eine rigid mechanistische Naturbetrachtung, die sich noch immer im Fahrwasser des Cartesischen Ansatzes bewegte. Ein Paradebeispiel dafür ist Emil du Bois-Reymond, der einflussreiche Physiologe und mehrmalige Rektor der Berliner Humboldt-Universität. Während die soeben erwähnten idealistischen und romantischen Optionen darauf drängten, die Natur als lebendig und geistaffin zu sehen, beharrte du Bois-Reymond auf einer strikt materialistisch-mechanistischen

Naturauffassung und lehnte jegliche Tendenz, in der Natur auch andere (etwa vitalistische) Kräfte am Werk zu sehen, ab. Bezeichnend für seine Gegenstellung zu den Optionen der Goethezeit ist seine Polemik in *Goethe und kein Ende* von 1882.

Man könnte diesbezüglich von einem veritablen Kulturkampf sprechen. Die Naturwissenschaftler hielten die Geisteswissenschaftler für verblasene Spekulanten, und die Geisteswissenschaftler sahen in den Naturwissenschaftlern bloß bornierte Materialisten. Diese Opposition wirkte lange nach. Charles Percy Snow hat die Spaltung 1959 in seiner *Rede Lecture* über die zwei Kulturen erneut beklagt,[57] und hierzulande haben in den letzten fünfzehn Jahren viele Kulturwissenschaftler (genau umgekehrt einseitig zu du Bois-Reymond) vor den Gefahren einer »Naturalisierung« gewarnt. Sie fürchteten ein Eindringen naturwissenschaftlicher Erklärungen in die Hoheitsgebiete kulturtheoretischer Analyse – anstatt für die Beiträge, welche die Naturwissenschaften für *gemeinsame* Fragestellungen zu liefern vermögen, dankbar zu sein.[58]

Erst die Physik des 20. Jahrhunderts hat dann auf ihre Weise das geleistet, was zuvor Aufklärer, Idealisten und Romantiker versucht hatten. Sie hat die mechanistischen Dekrete ad absurdum geführt. Mikrozustände, so zeigte die Quantenphysik, sind nicht eo ipso determiniert (wie der Mechanismus angenommen hatte), sondern nehmen erst unter Mess-Einwirkung diesen oder jenen Wert an, und das erklärt sich daraus, dass man diese Zustände nicht neutral beobachten, sondern nur durch Messung bestimmen kann und jede Messung unweigerlich einen (auf dieser Mikroebene relevanten) Eingriff bedeutet, eine physikalische Einflussnahme darstellt. Der Experimentator steht dem physikalischen Geschehen also nicht neutral gegenüber, sondern ist in es verflochten. Natur und Geist sind nicht getrennt, sondern miteinander verbunden. Die Theorien der Selbstorganisation und der Emergenz erklären zudem, wie Geist in einem langen Steigerungsprozess aus anfänglichen Phänomenen der Selbstbezüglichkeit (wie sie schon bei der Bildung von Galaxien und Atomen vorlagen) hervorgegangen ist.[59] – Geist und Natur, so könnte man die Lehre dieser neueren naturwissenschaftlichen Theorien zusammenfassen, bilden eine Einheit, und wir Menschen sind nicht Weltfremdlinge, sondern sind in die Prozesse der Natur und der Evolution eingebunden – und zwar auf der gesamten Wegstrecke der kosmischen, biotischen und kulturellen Evolution.

5. Über die alten Dualismen hinaus

Daher gilt es heute, die alten Dualismen hinter sich zu lassen und den Menschen nicht länger zu einem Wesen sui generis zu stilisieren, sondern als ein Wesen inmitten der anderen Lebewesen und des Seienden insgesamt zu betrachten. Dabei kommt den Animal Studies gewiss große Bedeutung zu. Sie geben uns viele Gemeinsamkeiten und auch wechselseitige Abhängigkeiten zwischen Mensch und Tier zu erkennen. So gesehen, ist der »animal turn« für die Kulturwissenschaften ein Segen – er führt sie über linguistische, soziale und kulturalistische Engführungen hinaus. Aber die Erweiterung auf die Perspektive der Tiere genügt nicht. Es braucht den Blick auf die Situiertheit unserer kulturellen Tätigkeit im *gesamten* Kreis der Lebewesen (Pflanzen, Bakterien und Viren eingeschlossen) – und sogar noch darüber hinaus. Denn unsere Welt schließt nicht nur Kulturelles und nicht bloß Organisches ein, sondern auch das Anorganische gehört zu ihr. Wir Menschen stehen im gesamten Strom der Evolution – gemäß ihrem, wie zuvor gesagt, vollen Umfang als kosmische, biotische und kulturelle Evolution. Jede Betrachtung, die das verkürzt, ist defizitär. Daher ist ein »animal turn« – wie immer wichtig – nur *ein* Schritt, dem zusätzliche Erweiterungen folgen sollten.

Kann das Denken uns bescheiden machen?

Wenn wir einerseits Weltwesen sind, andererseits aber nicht einem göttlichen Funken, sondern der Evolution entstammen, haben wir dann Anlass zu einer Hochschätzung unserer selbst oder zu Bescheidung? Und welche Rolle kommt dabei dem Denken zu?

Für Aristoteles war klar: Das Denken macht uns nicht bescheiden, sondern groß. Denken ist unser erhabenstes Gut. Durch es sind wir nicht klein-menschlich, sondern geradezu göttlich. So wie die Seinsweise dessen, was philosophisch als ›Gott‹ zu bestimmen ist, im reinen Denken besteht,[60] so bewegen wir Menschen uns, wenn wir denken, in dieser göttlichen Seinsweise. Wir erheben uns vergleichsweise zur Unsterblichkeit,[61] zu einem Leben, das »im Vergleich mit dem menschlichen Leben göttlich ist«.[62] Deshalb stellt das Denken unsere beste und höchste Möglichkeit dar – es führt uns weit über das Gewohnt-Menschliche hinaus. Das Denken macht uns nicht bescheiden, aber auch nicht stolz (das wäre noch immer nach klein-menschlichen Kategorien gerechnet), sondern es erhebt uns in die Sphäre des Geistes. Größeres kann uns nicht geschehen.

Der härteste Einspruch gegen diese Auffassung stammt von dem Aristoteles-Verächter Luther.[63] Er hat die Vernunft, die für Aristoteles unseren göttlichen Teil ausmacht, als »des Teufels Hure« bezeichnet[64] und gefordert: »Wer […] Christ sein will, der […] steche seiner Vernunft die Augen aus.«[65] Die Hintergründe dieser Vernunftschelte liegen für den Augustinermönch Luther in der von Augustinus begründeten Lehre vom Primat der Gnade, die aller Vernunft vorausgeht und sich in keiner Weise an Vernunft bindet – eine Auffassung, die dann in Luthers *sola-gratia-* und *sola-fide-*Doktrin ihre erneute Ausprägung findet. – Aber gäbe es vielleicht auch innerphilosophische Anhaltspunkte für eine (mildere und rationalere) Form von Vernunftskepsis?

Der nächstliegende Grund eines Bedenkens findet sich in der sophistischen Auffassung, dass man mit vernünftiger Argumentation beliebigen Auffassungen zum Sieg verhelfen kann. In der Tat ist der Logos nicht nur ein unersetzliches Vermögen (wir brauchen ihn, um in strittigen Fragen zu Klärung und Einigung zu gelangen), sondern auch ein höchst ambivalentes Vermögen. Er sagt nicht eo ipso, welcher Option die Wahrheit gehört, sondern hilft nur, für unterschiedliche Auffassungen passende Argumente zu entwickeln, Prämissen zu reflektieren, Widersprüche aufzudecken, Folgerungen zu ziehen. Der Logos ist nicht ein inhaltliches Vermögen zur unmittelbaren Intuition des Wahren, sondern ein formales Vermögen zur sukzessiven Klärung. Aber als solcherart formales Vermögen kann er auch dazu benutzt werden, dem offenkundig Dubiosen oder Falschen zum Durchbruch zu verhelfen. Man kann wundervolle Argumentationen und Reden zugunsten des Unrichtigen entwickeln. Der Logos ist zwar ein großartiges Vermögen, aber je nachdem, zu welchem Zweck er eingesetzt wird, kann er segensreich oder gefährlich wirken.

In diesem Aspekt besteht also im Hinblick auf das Denken durchaus ein Anlass zur Bescheidung. Es verbürgt nicht nur Größe, sondern es birgt auch Gefahren. In theoretischer Hinsicht großartig, ist es in praktischer Hinsicht insuffizient. Hier ist zumindest Vorsicht und insofern auch Bescheidenheit geboten. Diese Konstellation hält sich – das soll im Folgenden gezeigt werden – bis heute durch.

1. Die kopernikanische Revolution und ihre Folgen

a. Bescheidung aus Einsicht

Es gibt zumindest *einen* bedeutenden Fall, wo Erkenntnis und Reflexion uns Menschen nachhaltig von einer eingebildeten Superiorität in eine Haltung der Bescheidenheit übergeführt haben: die kopernikanische Revolution.[66] Hatte der Mensch sich zuvor im Zentrum der Welt geglaubt, so wurde ihm nun seine ephemere Stellung im Kosmos deutlich. Die Erde bildet nicht das Zentrum der Welt, sondern ist bloß ein Himmelskörper unter Myriaden anderer Himmelskörper. Entsprechend ephemer ist die Stellung des Menschen.[67]

Bekanntlich hat Freud gemeint, durch diese Umstellung habe die Menschheit die erste »große Kränkung ihrer naiven Eigenliebe« erfahren.[68] Ganz ähnlich hatte schon gut dreihundert Jahre zuvor Fontenelle die kopernikanische Revolution als einen Angriff auf die Eitelkeit der Menschen verbucht: diese Revolution sei als »Erniedrigung« anzusehen.[69]

Der Sache nach war es eigentlich Giordano Bruno, der als Erster die Konsequenzen aus der kopernikanischen Revolution zog. Bruno lehrte, dass das Universum unendlich sei und unzählig viele Welten (Komplexe mit Planeten, Sonnen und anderen Sternen) enthalte. Sie alle seien materiell gleichartig und qualitativ gleichwertig. Daher sei unsere Welt in keiner Weise ausgezeichnet, sie sei nur eine von unzählig vielen Welten im Universum.

Was bei Bruno Spekulation war, wurde durch Galilei sinnenfällig: Seine Entdeckung von Mondgebirgen, Venus-Phasen, Jupiter-Monden und Sonnenflecken zeigte, dass zwischen der terrestrischen und der himmlischen Sphäre kein Unterschied besteht. Die Gestirne sind nicht aus einem ganz anderen Stoff gebildet als die irdische Welt (aus der aristotelischen »quinta essentia«, dem »Äther«), sondern sind von durchaus erdähnlicher Natur. Es gibt nicht zwei Welten: eine noble himmlische und eine gewöhnliche irdische, sondern nur eine. Und in diesem kosmischen Einerlei besitzt die Erde keinerlei Auszeichnung, sie ist einfach ein Himmelskörper unter anderen. Die Erde ist ein Massenprodukt und rangiert am »weiten Himmel« auszeichnungslos irgendwo inmitten ihresgleichen.[70]

Wenn die Menschen sich fürderhin noch Superiorität oder Exklusivität zuschreiben, so ist das bloß Verlogenheit. So hat Nietzsche es formuliert:

> In irgend einem abgelegenen Winkel des in zahllosen Sonnensystemen flimmernd ausgegossenen Weltalls gab es einmal ein Gestirn,

auf dem kluge Thiere das Erkennen erfanden. Es war die hochmüthigste und verlogenste Minute der »Weltgeschichte«: aber doch nur eine Minute. Nach wenigen Athemzügen der Natur erstarrte das Gestirn, und die klugen Thiere mußten sterben. – So könnte Jemand eine Fabel erfinden und würde doch nicht genügend illustrirt haben, wie kläglich, wie schattenhaft und flüchtig, wie zwecklos und beliebig sich der menschliche Intellekt innerhalb der Natur ausnimmt; es gab Ewigkeiten, in denen er nicht war; wenn es wieder mit ihm vorbei ist, wird sich nichts begeben haben. Denn es giebt für jenen Intellekt keine weitere Mission, die über das Menschenleben hinausführte. Sondern menschlich ist er, und nur sein Besitzer und Erzeuger nimmt ihn so pathetisch, als ob die Angeln der Welt sich in ihm drehten.[71]

b. Bescheidung im kosmischen Maßstab – aber Vernunftauszeichnung als Gegenmotiv

Dennoch: So leicht lassen die Menschen sich ihre vermeintliche Superiorität nicht ausreden. Wo diese ihnen kosmisch verweigert wird, versuchen sie sie auf andere Weise zu restituieren.

Pascal: einerseits physisch prekäre Stellung des Menschen zwischen zwei Unendlichkeiten, andererseits intellektuelle Überlegenheit

Pascal nimmt die Erkenntnis der kosmischen Ephemerität auf und ergänzt die Perspektive des Unendlich-Großen durch die des Unendlich-Kleinen. Der Mensch befinde sich zwischen zwei Unendlichkeiten.

> Was ist zum Schluss der Mensch in der Natur? Ein Nichts vor dem Unendlichen, ein All gegenüber dem Nichts, eine Mitte zwischen Nichts und All. Unendlich entfernt von dem Begreifen der äußersten Grenzen, sind ihm das Ende aller Dinge und ihre Gründe undurchdringlich verborgen, unlösbares Geheimnis; er ist gleich unfähig, das Nichts zu fassen, aus dem er gehoben, wie das Unendliche, das ihn verschlingt.[72]

Nicht von ungefähr ist das Fragment, in dem Pascal dies ausführt, *Missverhältnis des Menschen* überschrieben.

»Zwischen den beiden Abgründen des Unendlichen und des Nichts«[73] ist der Mensch ein unsicherer Spielball dieser Unendlichkeiten, die ihn mal als unmerklich klein, mal als groß wie ein Koloss erscheinen lassen. Das einstige Pathos vom Menschen als »Mitte der Welt« weicht dem Schauder ob der Spielball-Position zwischen zwei Unendlichkeiten.

Dennoch gibt es einen Gegenaspekt zu dieser kosmischen Nichtigkeit. Als denkende Wesen, meint Pascal, sind wir all dem, was uns da bedroht, zugleich unendlich überlegen:

> Nur ein Schilfrohr, das zerbrechlichste in der Welt, ist der Mensch, aber ein Schilfrohr, das denkt. Nicht ist es nötig, dass sich das All wappne, um es zu vernichten: Ein Windhauch, ein Wassertropfen reichen hin, um es zu töten. Aber, wenn das All den Menschen vernichten würde, so wäre der Mensch doch edler als das, was ihn zerstört, denn er weiß, dass er stirbt, und er kennt die Übermacht des Weltalls über ihn; das Weltall aber weiß nichts davon.[74]

Auch wenn wir physisch ganz und gar unterlegene Wesen sind (wir sind dies nicht nur in Anbetracht unserer kosmischen Winzigkeit, sondern auch in Anbetracht unserer dynamischen Schwäche: ein Handstreich der Natur genügt, um uns zu töten), so sind wir doch dem, was uns solcherart physisch überlegen ist, durch die Fähigkeit des Denkens absolut überlegen. »Unsere ganze Würde«, so lautet die Fortsetzung des Fragments,

»besteht im Denken«.[75] Das Weltall ist zwar physisch mächtig, aber intellektuell nichtig: Es denkt nicht, und es weiß nichts. So sehr es uns also physisch überlegen ist, so wenig kann es mit uns als denkenden Wesen mithalten. Im Denken liegt unsere Größe und Würde.[76]

Ist das nicht ein merkwürdiges Ergebnis? Wissenschaftliche Fortschritte hatten die Menschen vom alten Pathos der Überlegenheit befreit. Und nun entwickeln sie doch wieder Überlegenheitsfantasien. Erneut soll – wie schon die Tradition behauptet hatte – die einzigartige Würde des Menschen im Denken bestehen. Hat der kopernikanische Berg gekreißt und nicht einmal eine Maus geboren? Oder hat sich doch etwas verändert?

Immerhin ist Pascals Lob des Denkens nicht mehr wie in der Tradition theoretisch, sondern praktisch akzentuiert. Pascal wendet sich in seinen späten Jahren gänzlich von der Wissenschaft ab. Er findet es »in Ordnung, dass man nicht die Lehre des Kopernikus ergründet«.[77] Und von der Philosophie sagt er, dass sie, wenn sie keine andere Aufgabe hätte, als ein wissenschaftliches Weltgebäude zu konstruieren, »keine Stunde Mühe wert« wäre.[78] Statt epistemischen Bemühungen nachzujagen, soll man sich – das ist das Neue bei Pascal – der Moral und Religion zuwenden. Das Fragment über den Menschen als Schilfrohr schließt bezeichnenderweise mit dem Satz: »Bemühen wir uns also, richtig zu denken, das ist die Grundlage der Sittlichkeit.«[79] Wir sollen uns der *conditio humana* und ihrer Endlichkeit und Schwäche bewusst werden,[80] um herauszufinden, wie ein rechtes menschliches Leben zu führen sei. Sittlichkeit – nicht Erkenntnis – wird zum neuen Fokus.

Kant: Primat der praktischen Vernunft

Dass unter kopernikanischen Bedingungen nur noch ein Schwenk von der theoretischen zur praktischen Vernunft eine Superiorität des Menschen retten kann (oder zu imaginieren erlaubt), wird ebenso an der Kantischen Philosophie deutlich. Die herkömmlichen theoretischen bzw. epistemischen Intentionen der Vernunft sind angesichts unserer Disparität zur Welt nicht mehr glaubhaft einzulösen, da bleibt allein der Sprung zur praktischen Vernunft.

Der »Beschluss« der *Kritik der praktischen Vernunft* ist das Dokument dafür:

> Zwei Dinge erfüllen das Gemüt mit immer neuer und zunehmender Bewunderung und Ehrfurcht, je öfter und anhaltender sich das Nachdenken damit beschäftigt: *Der bestirnte Himmel über mir, und das moralische Gesetz in mir.* […] Das erste fängt von dem Platze an, den ich in der äußern Sinnenwelt einneh-

> me, und erweitert die Verknüpfung, darin ich stehe, ins unabsehlich-Große mit Welten über Welten und Systemen von Systemen, überdem noch in grenzenlose Zeiten ihrer periodischen Bewegung, deren Anfang und Fortdauer. Das zweite fängt von meinem unsichtbaren Selbst, meiner Persönlichkeit, an, und stellt mich in einer Welt dar, die wahre Unendlichkeit hat, aber nur dem Verstande spürbar ist [...]. Der erstere Anblick einer zahllosen Weltenmenge vernichtet gleichsam meine Wichtigkeit, als eines *tierischen Geschöpfs*, das die Materie, daraus es ward, dem Planeten (einem bloßen Punkt im Weltall) wieder zurückgeben muss, nachdem es eine kurze Zeit (man weiß nicht wie) mit Lebenskraft versehen gewesen. Der zweite erhebt dagegen meinen Wert, als einer *Intelligenz*, unendlich, durch meine Persönlichkeit, in welcher das moralische Gesetz mir ein von der Tierheit und selbst von der ganzen Sinnenwelt unabhängiges Leben offenbart.[81]

Für Kant ist die Gegensätzlichkeit der beiden Aspekte entscheidend. Der erste, der kosmische Aspekt »vernichtet gleichsam meine Wichtigkeit«, der zweite, der moralische Aspekt »erhebt meinen Wert unendlich«; der erste betrifft mich nur »als ein *tierisches Geschöpf*«, der zweite hingegen als »*Intelligenz*«; der erste bezieht sich auf unser sterbliches, von der Tierheit und der Sinnenwelt abhängiges Leben, der zweite auf unser »von der Tierheit und selbst von der ganzen Sinnenwelt unabhängiges Leben«, das »nicht auf Bedingungen und Grenzen dieses Lebens eingeschränkt ist, sondern ins Unendliche geht«. Wohl gehört der Mensch »beiden Welten« an, aber seine Aufgabe ist es, die Zugehörigkeit zur intelligiblen Welt als seine eigentliche Bestimmung zu erkennen und demgemäß zu leben. Als Wesen praktischer Vernunft ist er über die physische Welt unendlich erhoben und erhaben.

Kants »Beschluss« der *Kritik der praktischen Vernunft* stellt der Sache nach eine Reprise von Pascals Fragment über den Menschen als »denkendes Schilfrohr« dar: als physische Wesen, das war dort schon der entscheidende Gedanke, sind wir dem Weltall hoffnungslos unterlegen, als intelligible Wesen jedoch unendlich überlegen – aber nicht durch unser theoretisches Vermögen, sondern sofern wir als praktische Wesen der intelligiblen Welt angehören.

Mit anderen Worten: Die kosmische Dezentrierung des Menschen mündet – scheinbar paradox – in eine neue rationale Superiorität. Die kopernikanische Bescheidung führt am Ende zu einem neuerlichen Überlegenheitspathos. Die Einsichten im Gefolge der kopernikanischen Revolution hatten zu einer Aushebelung eines jeden

Anthropozentrismus und zu einer neuen, den Realitäten ins Auge sehenden Bescheidenheit geführt, was die Stellung des Menschen im Kosmos angeht. Aber wie durch die Hintertür kommt es dann doch noch einmal zu einer Erneuerung der Superiorität des Menschen. Sie soll nun, im Gegensatz zur kosmischen Dezentrierung, durch eine rationale bzw. intellektuelle Überlegenheit gegenüber allen physisch-kosmischen Gegebenheiten garantiert sein. Das *animal rationale* feiert trotz aller kosmischen Relativierung fröhliche Urständ. Das freilich zugleich um den Preis einer Einschränkung: Nicht unsere theoretische Vernunft soll uns diese Überlegenheit verstatten (sie gilt vielmehr ob unserer ephemeren Stellungen in der Welt als unfähig, deren wahre Struktur zu erfassen), sondern allein unsere praktische Vernunft – für die es auf kosmische oder Weltadäquatheits-Aspekte gar nicht ankommt – soll dafür einstehen. So findet man doch noch einmal einen Ausweg aus der kopernikanisch gebotenen Bescheidung, wenngleich nur einen sozusagen halben, einen eben nicht mehr die Vernunft im Ganzen und nicht mehr in ihrem herkömmlichen theoretischen Primat, sondern nur noch in ihrer praktischen Funktion betreffenden Ausweg. Praktische Unbescheidenheit bei theoretischer Bescheidenheit – so könnte man diese Situation schlagwortartig zusammenfassen.

c. Vertrauen in die Vernunft schon in den frühen Versionen des Kopernikanismus

Bis hierher habe ich Dinge wiedergegeben, die bekannt sind. Jetzt aber ist davon zu sprechen, dass ein rationalitäts-apologetischer Zug schon zur kopernikanischen Tradition gehört hatte, ja darin geradezu prävalent gewesen war. Lange Zeit ist die kopernikanische Revolution keineswegs, wie Freud es sehen wollte, als Kränkung der Eigenliebe der Menschheit empfunden, sondern geradezu umgekehrt als Signum der überlegenen Fähigkeiten humaner Kognition verstanden worden.[82]

Schon Kopernikus selbst befeuerte nicht im Entferntesten den später populär gewordenen Eindruck, er habe die Menschen durch die Widerlegung des Geozentrismus aus ihrer epistemisch privilegierten Position vertrieben. Ganz im Gegenteil: Dass wir trotz unserer kosmisch peripheren Position die wahren kosmischen Verhältnisse zu erkennen vermögen, galt ihm als Beweis der Objektivitätsfähigkeit unserer geistigen Natur. Obwohl wir physisch nicht zentral sind, sind wir doch einer geistigen Einsicht in die Ordnung des Universums fähig – Kopernikus' Entdeckung ist selbst der Beweis dafür. Kopernikus war sich insofern sicher, nicht eine Erniedrigung, sondern eine Erhebung des Menschen bewirkt zu haben.

Unsere geistige Natur ermöglicht uns – vor und nach der kopernikanischen Wende – eine Erkenntnis der Welt. Unsere Würde besteht nicht in unserer irdischen, sondern in unserer von dieser unabhängigen intellektuellen Natur.

Wenn die neue kopernikanische Perspektive nicht als Erniedrigung und Kränkung, sondern als Befreiung und Erhebung angesehen wurde, so hatte das noch einen weiteren Grund. Es darf keineswegs als ausgemacht gelten, dass das alte, geozentrische Weltbild, das den Menschen in den Mittelpunkt der Welt stellte, eine Nobilitierung bedeutete. Ganz im Gegenteil: Die Erde wurde als der Ort der qualitativ niedrigsten Materie angesehen. Jenseits des Mondes, in der himmlischen Sphäre, sollte alles edler, nämlich aus dem idealen Stoff, dem Äther, gebildet sein.[83] Die Erde galt (was im Allgemeinen zu wenig bekannt ist) als der niedrigste Ort im Universum – alles andere war besser und höher.[84]

Daraus erklärt sich beispielsweise das Pathos, mit dem Galilei seine Entdeckungen als Astralisierung der Erde anpries. Dabei hätte ja die Rede von einer Terrestrisierung des Himmels näher gelegen, zeigte Galilei doch, dass sich an den Himmelskörpern Formationen finden (Mondgebirge, Jupitermonde), wie wir sie von der Erde kennen. Der Sache nach hätte man schlicht von einer Aufhebung des alten Unterschiedes sprechen sollen, anstatt, im Grunde an diesem Unterschied festhaltend, das Terrestrische dem Astralen zuzuschlagen. Galilei aber rühmte sich partout, die Erde mit Würde und Vollkommenheit ausgestattet zu haben, indem er sie an den Himmel versetzte.[85] Bislang sei die Erde die »Hefe der Welt« gewesen und als der Sitz alles Verworfenen und Niedrigen angesehen worden[86] – er aber habe sie nun »der Finsternis entrückt und an den weiten Himmel versetzt«.[87]

Das Pathos der kopernikanischen Tradition war also keineswegs das eines Verlustes oder einer Erniedrigung oder einer Bescheidung, sondern ganz im Gegenteil das eines Gewinns, einer Befreiung, einer Nobilitierung. Erst das 19. Jahrhundert hat daraus das gemacht, was uns heute geläufig ist und was wir zuvor bei Freud kennengelernt haben. Exemplarisch kann für diese Umstellung Feuerbachs Bewertung des Kopernikus stehen. Während Kepler im Duktus des Kopernikanismus noch erklärt hatte, Kopernikus habe der Erde das Bürgerrecht im Himmel verliehen,[88] lobte Feuerbach Kopernikus genau umgekehrt dafür, dass er den Menschen den Himmel genommen habe:

> Aber alle diese süßen, heiligen Vorstellungen und Aussichten, die sich sonst an den Himmel knüpften, hat die moderne Astronomie,

deren Urheber oder Anfänger Kopernikus, schonungslos vernichtet. Sie hat zwar die Erde in den Himmel emporgehoben, aber eben dadurch auch den Himmel profaniert, die Himmelsgestirne auf gleichen Fuß mit der Erde gesetzt. Kopernikus ist es, der die Menschheit um ihren Himmel gebracht hat.[89]

d. Bescheidung oder Unbescheidenheit?

Wir waren von der *communis opinio* ausgegangen, dass die kopernikanische Revolution zu einer Bescheidung im menschlichen Selbstverständnis geführt habe. Inzwischen, nachdem wir mehrere Aspekte und Folgen dieser Revolution betrachtet haben, müssen wir feststellen, dass von Bescheidung wenig zu finden ist, dass vielmehr, ganz im Gegenteil, neue Lobpreisungen des Menschen und seiner Geistesfähigkeiten resultierten: des Vermögens objektiver astronomischer Erkenntnis (Kopernikus), der seit Platon angestrebten und nun endlich erfolgten Versetzung an den *hyperouránios tópos* (Galilei), der Würde des Denkens (Pascal), der Superiorität der praktischen Vernunft (Kant).

Zwar werden auch Einbußen konstatiert. Wir befinden uns nicht mehr im Zentrum der Welt, sondern treiben auf einem Planeten irgendwo in den Weiten des Alls dahin. Und unsere Erkenntnisfähigkeit ist extrem limitiert (Pascal, Kant), sie reicht nicht zu etwas hin, was wirklich den Namen der Erkenntnis verdienen würde. Aber es gibt auch Kompensationen, ja geradezu Überkompensationen dafür: Ins Weltall versetzt, sind wir gleichrangig mit sämtlichen Sternen; und wenngleich unsere theoretische Vernunft beschränkt ist, so sind wir doch durch unsere praktische Vernunft Teilhaber an der Vollkommenheit der intelligiblen Welt.

Bescheidung im Denken scheint eine schwierige Sache zu sein. Neue wissenschaftliche Einsichten scheinen sie manchmal zu gebieten. Unter ihrem Eindruck arbeitet die Reflexion ein Bescheidungsszenario aus. Aber plötzlich dringt doch wieder durch eine Seitentür oder aus alten Untergründen eine Gegenoption ein. Die Bescheidung wird durch eine neue Unbescheidenheit konterkariert oder gar überboten.

2. Die evolutionistische Neuinterpretation des Menschen

Wie steht es nun bei dem, was Freud als die zweite große Kränkung der Menschheit bezeichnet hat, also bei der evolutionistischen Einsicht, dass der Mensch nicht vom Himmel gefallen, sondern im Zug der Evolution entstanden ist? Werden wir auch hier, ähnlich wie zuvor, zunächst zwar offenkundigen Aspekten der Bescheidung begegnen, anschließend aber erneut Formen von deren Aushebelung und Überbietung, also neuerliche Proklamationen menschlicher Superiorität antreffen?

a. Der Mensch in der Reihe der Lebewesen – Bescheidung statt Exklusivität

Ähnlich wie bei der kopernikanischen Revolution wurde der Mensch auch durch die evolutionistische Sichtweise seiner Exklusivität beraubt und in eine Reihe mit anderem Seienden gestellt. Kosmisch waren Erde und Sonne zu Himmelskörpern unter gleichartigen Himmelskörpern geworden, evolutionistisch wurde der Mensch in die Kette der Lebewesen eingereiht.

In seinem ersten großen Werk, dem *Origin of Species* (1859), war Darwin erst am Ende auf den Menschen zu sprechen gekommen und hatte sich mit einer Andeutung begnügt: »In der Zukunft sehe ich offene Felder für weitaus wichtigere Forschungen. […] Viel Licht wird auf den Ursprung des Menschen und seine Geschichte geworfen werden.«[90] Zwölf Jahre später, in *The Descent of Man* (1871), stellte Darwin den Menschen dann ausdrücklich in die Deszendenzlinie der Hominiden:

> Mein Ziel [...] ist einzig und allein zu zeigen, dass es keinen fundamentalen Unterschied zwischen dem Menschen und den höheren Säugetieren in ihren geistigen Fähigkeiten gibt.[91] Der mentale Unterschied zwischen dem Menschen und den höheren Tieren, so groß er auch sein mag, ist gewiss nur einer des Grades und nicht der Art.[92]

Der Gradualismus ist das große Prinzip der Darwin'schen Lehre, und sein Pendant ist das Prinzip der Genealogie: Was nahtlos aneinander anschließt, ist auseinander hervorgegangen, die Gemeinsamkeiten haben eine genealogische Erklärung. »Das natürliche System ist eine genealogische Anordnung.«[93] Der Mensch ist kein Sonderwesen, sondern eines der vielen Erzeugnisse der natürlichen Evolution.

Dass wir in einer Reihe mit den anderen Lebewesen entstanden sind, ist sowohl konstitutionell als auch ethologisch und kognitiv evident. Was unsere biologische Konstitution angeht, wurde das in vorangegangenen Abschnitten schon dargelegt (millionenaltes Evolutionserbe, Embryonalentwicklung etc.). Ebenso belegt unser Verhalten unsere animalische Herkunft und Kontinuität: Die meisten unserer Emotionen stellen eine Fortsetzung animalischer Errungenschaften dar;[94] und auch Verhaltensweisen wie Besitzanspruch, Täuschung, Überlistung und Bluff oder auch Spieltrieb, Altruismus und Trauer und selbst Aggression, Grausamkeit und Infantizid existierten längst im Tierreich. Generell lässt sich keine Verhaltensweise angeben, die exklusiv menschlich wäre, sich also nicht zumindest rudimentär schon bei anderen Tieren fände. Lernen und Nachahmung sind dort weit verbreitet, ebenso Arbeitsteilung oder die Abkoppelung der Sexualität von Fortpflanzungszwecken, auch die ästhetische Einstellung hat sich bereits im Tierreich entwickelt, und etliche Primaten verfügen über Werkzeuggebrauch und Werkzeugherstellung.

Auch im Bereich der Kognition – also dem Bereich, der traditionell als Humanprivileg galt: nur das *animal rationale* sollte der Kognition fähig sein – zeigt sich nicht Exklusivität, sondern Kontinuität. Im Tierreich finden sich (auch darauf wurde schon hingewiesen) längst beeindruckende kognitive Leistungen. Die humane Kognition ist aus prähumanen Vorläuferformen hervorgegangen. Beispielsweise verfügen alle Säugetiere über ein grundlegendes Verständnis der Identität und Permanenz von Objekten. Diese Leistung findet sich dann auch bei menschlichen Babys als ein angeborenes, aus der Stammesgeschichte überkommenes Wissen. »Das kindliche Verständnis der physischen Welt beruht auf der sicheren Grundlage der Primatenkognition.«[95]

So bezeugt auch die Kognition unsere Kontinuität mit der animalischen Evolution. Nur auf der Basis der evolutionären Elementarkognition vermochten wir überhaupt weitergehende und höhere Formen abstrakten Wissens zu entwickeln.

Insofern war und ist der Übergang zum evolutionistischen Welt- und Menschenbild mit einer großen Bescheidung verbunden. Der Mensch ist nicht das den anderen Lebewesen unendlich überlegene Wesen, das im Kern himmlischen Ursprungs ist, wie die pythagoreisch-platonische Tradition jahrhundertelang insinuiert hatte. Sondern er ist ein Lebewesen wie die anderen auch – mit seinen eigenen Macken, Verdiensten und Schwächen. Vor allem steht er genealogisch in einer Reihe mit den anderen Lebewesen, ist nicht über sie erhaben und erhoben. Gemessen an den alten Superioritätsfantasien schlägt evolutionistisch die Stunde der Nüchternheit und Bescheidung. Wissenschaftliche Einsicht und wissenschaftliches Denken haben uns viele Gründe für eine derartige Bescheidung geliefert.[96] Mit der alten Fiktion vom Menschen als »Krone der Schöpfung« ist es vorbei.

b. Obsolete Exklusivitätsfantasien

Das neue Verständnis des Menschen ist also nicht mehr theomorph, sondern theriomorph: nicht eine göttliche, sondern die tierische Welt ist des Menschen Herkunftsort und Domizil. Die sprachlich kleine Verschiebung von ›theomorph‹ zu ›theriomorph‹ signalisiert eine völlige Neuorientierung. Nicht wie ehedem über eine gottähnliche Verfassung des Menschen spekulierend, sondern auf die tierisch angebahnten Strukturen des Menschen blickend, gewinnt man dessen rechtes Verständnis.

Dadurch werden etliche traditionelle philosophische Fantasien ausgehebelt – nicht nur die antiken von Pythagoras bis Platon, sondern auch die neuzeitlichen eines Kant oder Hegel. Kant hatte noch in seiner kritischen Periode 1781/1782 ganz traditionell erklärt, dass »der Schritt von dem Thiere zum Menschen […] unendlich« sei und »hier gar keine Annäherung« stattfinde.[97] Gegen Herders prädarwinistische Idee, dass »eine *Verwandtschaft*« der Gattungen untereinander bestehe, wandte er ein, dass eine solche Vorstellung auf so »ungeheuere« Ideen führen würde, »dass die Vernunft vor ihnen zurückbebt«.[98] Er brandmarkte Herders Vorstellung als eine Idee, die in der spekulativen Philosophie »große Verwüstungen unter den angenommenen Begriffen anrichten würde«.[99] Und Hegel hat noch 1821 ganz traditionell erklärt, dass der kategoriale Unterschied des Menschen vom Tier im Denken liege[100] – und es sollte wieder ein »unendlicher« und »ungeheurer Unterschied« sein.[101, 102]

Noch bis ins 20. Jahrhundert hinein (und auch das 21. Jahrhundert wird vermutlich keine Ausnahme bilden) ist eine solch absolute Differenz zwischen Mensch und Tier weiterhin behauptet worden. Beispielsweise hat Heidegger, ganz im altmetaphysischen Schema verbleibend, erklärt, »das Wesen des Göttlichen« sei uns »näher als das Befremdende« der Tiere.[103] Unsere, wie er sich ausdrückte, »kaum auszudenkende abgründige leibliche Verwandtschaft mit dem Tier«[104] sei gänzlich irritierend. Die Verwandtschaft scheine zwar offenkundig zu sein – ist aber absolut irreführend: »Der Leib des Menschen ist etwas wesentlich anderes als ein tierischer Organismus.«[105] – Nun ja, durch immer neue Hyperzykeln hat man einst auch die Ptolemäische Theorie zu retten versucht, bis dann doch nichts anderes übrig blieb, als Kopernikaner zu werden. Irgendwann wird es den Gegnern einer evolutionären Anthropologie ähnlich ergehen.

c. Steigerung des evolutionären Potentials – die protokulturelle Entwicklung

Gewiss findet sich beim Menschen vieles, was auf den ersten Blick unvergleichlich scheint. Kein anderes (höheres) Lebewesen ist so sehr über die Erde verbreitet, errichtet Dome, surft im Internet oder betreibt Weltraumfahrt. Nur wir Menschen haben dergleichen wie Dichtung, Philosophie, Wissenschaft und digitale Techniken entwickelt. Unsere Leistungen sind deutlich anders als die der anderen Lebewesen. Aber der entscheidende Punkt ist der folgende: Diese Leistungen verdanken sich allesamt nicht irgendeiner Sondernatur des Menschen, sondern sie sind entstanden, indem die Menschen ihre evolutionären Potenziale genützt, weiterentwickelt und ausgereizt haben. Unsere Vorfahren hatten nichts anderes als das ihnen aus der animalischen Evolution überkommene Startkapital zur Verfügung. Es bildete ihren Boden und Ausgangspunkt. Mit diesen Pfunden haben sie dann trefflich gewuchert – sodass es schließlich zu den kulturellen Erzeugnissen gekommen ist, zu denen es im sonstigen Tierreich nichts Vergleichbares gibt. Aber noch einmal: Dies alles war nicht vom Himmel gefallen, sondern ist aus der Akkumulation evolutionärer Potenziale hervorgewachsen.

Zuvor war schon die Rede davon, dass es keine Verhaltensweise gibt, die ausschließlich menschlich wäre, sich also nicht, zumindest in Ansätzen, schon im sonstigen Tierreich fände. Das gilt, einem verbreiteten Irrglauben entgegen, auch für aufrechten Gang, Greifhand, verfrühte Geburt und Neotenie – also für Charakteristika, die man oft mit der kulturellen Ausrichtung des Menschen in Verbindung gebracht hat. Aber wie überall, so gilt auch hier, dass es sich nicht um absolute Novitäten handelt, die erst mit dem Menschen in die Welt getreten wären, sondern um Weiterentwicklungen von prähuman schon anzutreffenden Phänomenen.[106]

Die Steigerung und Ausreizung unserer prähumanen Potenziale erfolgten in der protokulturellen Periode, die von vor ca. 2,5 Millionen Jahren bis vor ca. 40 000 Jahren reichte. In ihr hat sich die menschliche Natur herausgebildet, wie sie noch heute jeder von uns in sich trägt – von körperlichen Merkmalen wie Haarlosigkeit und aufrechtem Gang über Verhaltenseigentümlichkeiten im Sexual- und Sozialleben bis hin zu jener einmaligen Gehirnkonfiguration, die für unser Leben als Lern- und Kulturwesen entscheidend geworden ist.[107] Am Ende dieser Periode erfolgte dann der Übergang zur kulturellen Evolution, die bis heute andauert. Hier ist nicht der Raum, diese protokulturelle Entwicklung im Einzelnen darzustellen.[108] Festgehalten sei nur, dass unsere evolutionären Potenziale damals in eine zunehmende Steigerung und Entwicklungsbeschleunigung gerieten, die am Ende zum Take-off der Kultur führte. Dabei war nichts von außen hinzugekommen. Die Menschen waren nicht mit Sondergaben bedacht worden, sondern haben alles aus den ihnen überkommenen Potenzialen nach und nach entwickelt.

Dadurch ist aus dem Menschentier das Kulturwesen Mensch geworden.

d. Selbsthervorbringung – also doch neuerlicher Anlass zu Selbstbewusstsein?

Aber wendet sich dadurch nicht das Blatt erneut? Besteht in evolutionistischer Perspektive wirklich bloß Anlass zu Bescheidung – oder doch auch zu einem neuerlichen und gestärkten Selbstbewusstsein?

Freud hatte gemeint, Darwins Nachweis der Abstammung des Menschen aus dem Tierreich habe für die Menschheit eine große Kränkung bedeutet.[109] Aber steht es in Wahrheit nicht umgekehrt? Die evolutionäre Betrachtung zeigt ja, dass wir Menschen unsere Besonderheit aus einem prähumanen Erbe, das auch anderen Primaten zur Verfügung stand, selber hervorgetrieben haben. Clifford Geertz, der große Anthropologe, hat das so formuliert: »Der Mensch hat sich buchstäblich selbst erschaffen.«[110] Ein Wesen aber, das aus bescheidenen Anfängen durch *eigenes* Tun so besonders geworden ist, muss man doch wohl mehr bewundern als eines, das aufgrund einer göttlichen Gabe und ohne jegliches eigene Zutun zu einer solchen Auszeichnung gelangt wäre. So gesehen, fügt die evolutionäre Perspektive uns und unserem Selbstbewusstsein gerade nicht eine

Kränkung zu, sondern bietet, ganz im Gegenteil, Anlass zu Selbstachtung.

Die Bescheidung – gegenüber dem Phantasma eines himmlischen Ursprungs oder einer Adelung als »Krone der Schöpfung« – bleibt also zwar bestehen, aber sie wird durch eine gesunde Selbstachtung ausgeglichen. Somit haben wir es erneut, wie zuvor bei der kopernikanischen Revolution und ihren Folgen, mit einer Gemengelage zu tun. Die evolutionistische Einschätzung des Menschen ist ambivalent, sie enthält sowohl Elemente einer Bescheidung als auch solche einer neuen Wertschätzung. Nur wird die Bescheidung diesmal nicht durch eine neue Unbescheidenheit konterkariert, sondern durch ein angemessenes Selbstbewusstsein aufgewogen.

3. Wende im Anthropozän?

Und was ist das Hauptergebnis der protokulturell frei gewordenen Produktivität? Die erste und bleibend richtige Antwort darauf lautet: dass wir Kulturwesen sind. Wir haben uns am Ende der protokulturellen Entwicklung in die kulturelle Evolution katapultiert und betreiben seitdem eine ständige Selbst- und Weltveränderung.

Was aber ist heute deren hervorstechendes Merkmal? Man kann nicht umhin, es einzugestehen: Wir sind dabei, uns zunehmend die eigenen Lebensgrundlagen abzugraben. Unsere zivilisatorische Tätigkeit ist immer mehr in Konflikt mit unseren evolutionären Bedingungen geraten. Das Kulturwesen Mensch ist dabei, seine natürlichen Voraussetzungen zu zerstören.

a. Anthropozän – Diagnose und Appell

Für dieses Bedrohungsszenario hat sich in jüngerer Zeit der Terminus »Anthropozän« eingebürgert. Er signalisiert eine grundlegende Ambiguität. Nämlich erstens, dass der Mensch durch seine Technik die Erde in einem zuvor nicht denkbaren Ausmaß umgestaltet – so sehr, dass zu vermuten steht, dass künftige Geologen unsere Zeit als diejenige bezeichnen werden, in welcher der menschliche Einfluss zum bestimmenden Faktor für die Verfassung der Erde geworden ist – daher die Benennung dieser Erdepoche als »Anthropozän«. So wie frühere Erdzeitalter durch die Entstehung der ersten Kontinente (Proterozoikum) oder durch die Bildung von großen Kohlenlagern (Karbon) oder durch den Rückgang der Vergletscherung (Holozän) gekennzeichnet waren, so ist für die Zeit seit ca. 250 Jahren die Einlagerung anthropogener Stoffe, die menschliche Umgestaltung der Landoberfläche, die Versauerung der Meere und ein weithin mencheninduzierter Klimawandel typisch.[111] Wir begegnen heute bis in die Chemie und Physik unseres Planeten hinein allenthalben menschlichen Verursachungen. Das Anthropozän ist eine Epoche der Omnipräsenz des Menschen.

Auf der anderen Seite ist »Anthropozän« aber nicht nur eine geologische Diagnose, sondern zugleich ein moralischer Warn- und Weckruf. Der menschliche Einfluss auf die Biosphäre ist gefährlich; wir sind dabei, uns unserer eigenen Lebensgrundlagen zu berauben. Und dagegen gilt es aufzustehen und eine Wende herbeizuführen. Es ist dieser über die bloße Diagnose hinausgehende Appellcharakter, der das Anthropozän zu einem Thema gemacht hat, das heute nicht nur Geologen beschäftigt, sondern weltweit soziale Bewegungen entstehen ließ und weitreichende politische Debatten ausgelöst hat. Es geht darum, das Ruder noch einmal herumzureißen.[112]

b. Kognitive Stärke, aber praktische Schwäche

Aber wird dies gelingen? Haben wir gute Gründe, eine derartige Hoffnung zu hegen? Eher dürfte Skepsis angebracht sein. Denn obwohl das Problem schon seit Jahrzehnten bekannt ist, hat man es in dieser Zeit nicht etwa gelöst, sondern nur noch verschärft. Der Club of Rome hatte schon 1972 in seinem Bericht *Die Grenzen des Wachstums* entschieden zu Nachhaltigkeit aufgerufen;

1979 hat dann Hans Jonas angesichts der Gefahr, dass die Menschheit ihr eigenes Fortleben gefährdet, einen »ökologischen Imperativ« verkündet; und Al Gore hat seit 1992 die breite Öffentlichkeit immer wieder auf die Gefahren des Klimawandels hingewiesen und wurde für seine Initiativen auch mit dem Friedensnobelpreis und einem Oscar ausgezeichnet. Aber was hat sich während dieser ganzen Zeit und bis heute auf der praktischen Ebene getan? Keineswegs nichts. Jedoch das Falsche. Die Verschmutzung der Luft, die Erwärmung der Meere, das Auftauen der Permafrostböden, die Verödung von Landstrichen haben stetig zugenommen. Trotz aller Warnungen wurden die Ventile immer weiter in Richtung Katastrophe aufgedreht. Die Mahner stehen auf der einen, die Macher auf der anderen Seite. Und die Letzteren agieren ungerührt weiter wie bisher, allenfalls verbrämen sie ihre Zerstörung inzwischen rhetorisch geschickter. Wo tatsächlich Maßnahmen ergriffen wurden, sind diese allenfalls geeignet, das Tempo der Verschlimmerung zu reduzieren, aber für eine Umkehr reichen sie bei Weitem noch nicht aus. Die Ziele des Pariser Klimaabkommens von 2015 werden krachend verfehlt. Alles läuft weiterhin auf die Katastrophe zu. Die Annahme, es sei erst fünf vor zwölf, dürfte allzu optimistisch sein.

Das Anthropozän belegt einerseits unsere evolutionäre Besonderheit: Keine andere Spezies hat je so großen Einfluss auf die Erde gewonnen wie wir Menschen durch unsere Kultur und Technik. Andererseits bezeugt es zugleich unsere Unfähigkeit, unsere Tätigkeiten sinnvoll – erd- und lebensverträglich – zu steuern. Kognitiv, technisch, pragmatisch sind wir die Herren der Welt. Aber in praktischer und moralischer Hinsicht sind wir schwächliche Zwerge. Die Einsicht, dass wir die Richtung unserer Einflussnahme auf die Umwelt sowie die Achsen unserer Ökonomie grundlegend verändern müssten, bleibt wirkungslos, sie verpufft. Bei aller kognitiven Stärke sind wir praktisch eminent schwach.

Insofern hat sich die Konstellation, die wir bei Pascal und Kant kennengelernt hatten, umgekehrt. Diese hatten gemeint, dass wir mit all unserer Kognition der physischen Welt hoffnungslos unterlegen seien, während wir ihr andererseits als moralisch-praktische Wesen unendlich überlegen sein sollten. Dieser Hiatus zwischen theoretischem und praktischem Vermögen stellt sich heute umgekehrt dar. Unsere Stärke liegt auf der theoretisch-kognitiven Seite: Da dringen wir nicht nur wissenschaftlich in die Geheimnisse der physischen Welt ein, sondern vermögen diese auch immer mehr nach Belieben zu manipulieren – auf Dauer kann die physische Welt keinen nennenswerten Widerstand leisten. Aber in praktisch-moralischer Hinsicht sind wir schwach, gefährlich schwach. Wir raffen uns nicht dazu auf, unsere kognitiv-technischen Potenzen so umzusteuern, dass sie unsere Lebensgrundlagen (und ebenso die anderer Lebewesen) nicht abgraben, sondern fördern und insofern, statt einer Selbstzerstörung zuzuarbeiten, wenigstens dem moralischen Minimalziel der Selbsterhaltung dienen. Unsere praktisch-moralischen Potenzen haben mit der kognitiven Entwicklung nicht Schritt gehalten. Sie sind retardiert, sind kümmerlich, sind kaum auch nur »bescheiden« zu nennen.

c. Bescheidung?

Der illusionslose Blick auf diese Situation lehrt Bescheidenheit. Der kognitive Gigant ist moralisch bloß ein Zwerg. Er hat es (noch) nicht verstanden, seine evolutionäre Besonderheit als Kulturwesen, die im Prinzip Anlass zu Bewunderung und Selbstbewusstsein böte, so zu steuern, dass sie ihm nicht zum Verhängnis wird. Noch immer gibt er praktischen Überlegungen und Einsichten bei Weitem zu wenig Gewicht. Seine praktisch-moralische Kraft ist, wie gesagt, weniger als bescheiden. In dieser Hinsicht gälte es, unbescheiden zu werden. Mehr Bescheidung im Kognitiv-Technischen, mehr Unbescheidenheit im Praktisch-Moralischen – das könnte ein Weg sein.

Kunst der Anverwandlung

1. Der Maler soll wie ein Spiegel sein

Wenden wir uns nun einem Künstler zu, der uns Menschen schon vor einem halben Jahrtausend empfahl, unsere Fähigkeit zur Anverwandlung zu kultivieren.

Leonardo da Vinci hat in diversen Aufzeichnungen immer wieder ein Theorem von ganz neuartigem Sinn vorgetragen: dass der Maler seiner geistigen Konstitution nach sowie in seinem künstlerischen Weltbezug sein solle wie ein Spiegel. Wie nämlich dieser alles, was ihm gegenübertritt, getreulich wiedergibt, ohne subjektive Vorlieben ins Spiel zu bringen, so soll auch der Maler ganz offen sein für die Vielfältigkeit der Erscheinungen und eine jede dem ihr eigenen Erscheinungsbild gemäß zur Anschauung bringen. Er soll unendlich angleichungsfähig und selbstlos sein. Diese Vergleichbarkeit mit einem Spiegel ist die grundlegendste Forderung an den Maler. Sie umreißt Leonardos Ideal malerischer Existenz.[113]

Entscheidend ist dabei, dass die Wiedergabe nicht eigentlich als Wiedergabe verstanden wird, sondern als Anverwandlung. Leonardo spricht immer wieder davon, dass der Spiegel sich in so viele Farben verwandelt, wie sie den Gegenständen zugehören, die man ihm gegenüberstellt.[114] Nicht Wiedergabe, sondern Anverwandlung ist die Grundvorstellung. Und wenn Leonardo schon den Spiegel solcherart aktivisch interpretiert – nicht als unbeteiligte Reflexfläche, sondern als eminent sensibles Organ einer Angleichung an die Elemente der Sichtbarkeit –, so gilt dies umso mehr für den Maler. Der Geist, der Verstand, der Sinn des Malers soll unendlich wandlungsfähig sein gemäß den Erscheinungen der sichtbaren Welt, er soll sich der Verschiedenheit der Gegenstände vollkommen angleichen, ganz ihnen sich anverwandeln.[115]

2. In der Malerei kommt die Natur zu sich

Was für Leonardo den Grundzug der Natur ausmacht, dass nämlich eines ins andere übergeht, gilt ebenso für das Verhältnis der bildnerischen Reflexion zur Natur. Die Malerei ist eine Hervorbringung der Natur. Zunächst schafft die Natur die natürlichen Wesen, und im Ausgang von diesen bringt sie dann die Malerei hervor, die von Leonardo daher auch als Enkelin jener ursprünglichen Natur bezeichnet wird.[116] Im Auge des Malers reflektiert sich, wie Leonardo sagt, die natürliche Welt.[117] Sie gewinnt in der Malerei eine höhere Existenzform. Es ist also nicht eine als autonom vermeinte Kunst, sondern die Natur, die im Werk ihre Einlösung findet.

Darin hat Leonardos Konzeption Anschluss an einen alten und immer wieder erneuerten Gedanken, wonach schon in unserer Wahrnehmung und gar in der künstlerischen Gestaltung die sinnenhafte Wirklichkeit der Welt erst ganz zu sich kommt, sodass die Kunst gleichsam das Instrument der Selbstvollendung des Natürlichen ist. Noch Cézanne wird davon sprechen, dass die Landschaft sich in ihm reflektiere, in ihm ihr Bewusstsein von sich erlange; das wird auch bei Cézanne an diejenige Disposition gebunden sein, die Leonardo unter dem Bild des Spiegels formuliert hat und die Cézanne unter dem entsprechenden Bild des Echos fasst: »Man muss in sich alle Stimmen der Vorurteile zum Schweigen bringen, vergessen, vergessen, Stille eintreten lassen und ein vollkommenes Echo sein.«[118] Und Rilke hat, Leonardos Bilder betrachtend, diesen Grundzug einer Natur-Reflexion in ihnen erkannt und Leonardos Landschaften »blaue Spiegel« genannt, »in denen geheime Gesetze sich sinnend betrachten«.[119]

3. Ein neues Ideal für den Menschen

Unverkennbar ist, dass dieses neue künstlerische Ideal zugleich eine neue Leitvorstellung für den Menschen entwirft. Das Ideal ist anthropologisch gemeint und nur deshalb artistisch akzentuiert, weil der Künstler dieses neue Ideal der Menschlichkeit am direktesten erfüllt. Der Mensch ist dieser leonardoschen Konzeption zufolge dort wirklich menschlich, wo er sensibel wird und sich ganz der erscheinenden Sinnfülle öffnet – anstatt einer dahinter oder darüber gewähnten Wahrheit nachzujagen. Der Mensch wird hier als eine unendlich feinsinnige Figur konzipiert, die im Idealfall einem jeden Phänomen der sinnenhaften Welt gerecht zu werden vermag.

Natürlich ist diese neue anthropologische Konzeption mit dem bekannten Entwurf des Pico della Mirandola verwandt, den man als den Anfangstext der neuzeitlichen Anthropologie ansehen kann und der – unter dem Titel der *Würde des Menschen* – davon spricht, dass der Mensch jenes einzigartige Wesen ist, dem nicht von vornherein ein bestimmtes Gepräge gegeben ward, sondern das sich sein Wesen selber zu bestimmen hat, indem es von seiner unendlichen Plastizität und Anverwandlungsfähigkeit gegenüber den vorgegebenen Wesenheiten Gebrauch macht. Aber Pico dachte dabei noch an eine feste Hierarchie der Wahlmöglichkeiten, erst Leonardo denkt die Freiheit, auf die Pico hinauswollte, genuin, indem er die *universelle* (nicht spezielle) Anverwandlung als das eigentümlich Menschliche fasst.

Leonardos Neuerung bedeutet einen Epochenbruch. Das wird deutlich, wenn man auf Platon, die Leitfigur der traditionellen Philosophie, zurückblickt. Platon hatte ein Ideal der Weltenthebung, nicht der Weltzuwendung, er hatte eines der Ewigkeit und Statik, nicht des Werdens und der Beweglichkeit, eines der Unveränderlichkeit, nicht der Anverwandlung vertreten. Deutlich wird das gerade in seiner Polemik gegen die Malerei, wo ebenfalls der Spiegel als Sinnbild erscheint. Platon zufolge ist die Malerei mehrfach Betrug: Sie gibt Schein für Sein aus, denn sie stellt nicht das Urbild dar, sondern richtet sich (erstens) schon nur auf ein Abbild desselben, und sie stellt dieses (zweitens) nur aus einem bestimmten Blickwinkel und nicht in seiner Gänze dar, und dies im Übrigen (drittens) noch einmal nur gemäß gerade herrschenden oder imaginierten atmosphärischen und Lichtbedingungen. Sie ist also dreifach vom Wahren entfernt, gibt diesen dreifachen Schein aber für Wahrheit aus.[120] Platons Polemik gipfelt im Vergleich mit einem Mann, der einen Spiegel in die Hand nimmt, mit diesem umhergeht und ihn verschieden wendend »bald die Sonne macht und was am Himmel ist, bald die Erde, bald sich selbst und die übrigen Lebewesen und Geräte und Gewächse und alles insgesamt«. Genau ein solcher Mann sei der Maler: eine ganz und gar lächerliche Figur, die ohne jedes Wissen vorgehe und mit Dingen prahle, derer jedes Kind fähig sei.[121] In dieser Figur des Spiegelträgers konzentriert sich bildhaft die Kunst- und Nachahmungs-Kritik Platons. Die Malerei ist bloß Spieglertum. Der Spiegelvergleich formuliert Platons härtestes Urteil über die Malerei.

Bei Leonardo aber wird, was bei Platon Zeichen ausgemachter Lächerlichkeit war, zum Signum einer neuen Nobilität. Das verweist auf eine Revolution in den Grundachsen der Weltsicht. Was bei Platon als Verfallensein an die Erscheinungen und ans Unwahre galt, wird jetzt – infolge einer erscheinungszentrierten Wahrheitskonzeption – als veritabler Königsweg und als künstlerisches und menschliches Ideal proklamiert. Die neue, jetzt alles tragende Leitsicht ist die der autonomen Gestaltung der Natur in ihren vielfältigen Erscheinungen. Diesen gilt es zu folgen, sie zu erforschen. Daraus erklärt sich Leonardos Plädoyer für Welthingabe und Erfahrung, für eine sensible Vernunft, für eine Wissenschaft der Sinne. Daher rühren ebenso seine Invektiven gegen die überkommenen Orientierungen, gegen die leeren Spekulationen der Metaphysiker und gegen die theologischen Dogmatismen. Dem hält er das Zeugnis der Erfahrung entgegen – einer ganz und gar sinnenhaften und darin sinngewissen Erfahrung.[122]

Eine Konsequenz dieser Umstellung ist, dass die Malerei für Leonardo nicht nur philosophischen Rang besitzt, sondern die Aufgabe der Philosophie sogar besser erfüllt als diese.[123] Die Malerei, sagt Leonardo, bezieht sich nämlich auf die Oberflächen, Farben und Formen der von der Natur hervorgebrachten Dinge, während die Philosophie auf das Innere der Körper zielt und die ihnen innewohnenden Kräfte erwägt. Aber damit bleibt der Philosophie verwehrt, jene Sättigung mit Wahrheit zu erreichen, die der Künstler erzielt, indem er die *primäre* und eigentliche Wahrheit der Körper erfasst. Das Auge (mit dem der Künstler arbeitet) täuscht sich weit weniger als das Verstandesurteil des Philosophen, das ein Tummelplatz des Irrtums ist.[124] Die Malerei besitzt höheren Wahrheitsgehalt als die Philosophie. Sie vermag nicht nur selbst philosophisch zu sein, sie stellt die bessere Philosophie dar.

4. Orientierung an den Erscheinungen in ihrer Vielfalt und Beweglichkeit

Für Leonardo ist die Natur das wahrhaft Wirkliche, und zwar – ganz anders als bei Platon – gerade in der Fülle und Vielfalt ihrer Erscheinungen.

Das Sichtbarsein, das Erscheinungssein der Dinge ist ihr wahres Sein, ihre »prima verità«, wie Leonardo in seinem Malereitraktat schreibt.[125] Gewiss gehört dazu auch eine Tiefendimension, aber nicht, wie im Fall der Philosophie, von geheimen und unsichtbaren Kräften, sondern der ganz und gar natürlichen Binnenverfassung dessen, was man an der Oberfläche sieht. Leonardo hat sich, beispielsweise in seinen Anatomiestudien, unablässig darum bemüht herauszufinden, wie die sichtbare Erscheinung durch physische Gegebenheiten bedingt und ermöglicht ist, die unterhalb der Oberfläche existieren. Ebenso ging es ihm darum, die innere Struktur von Pflanzen oder Bäumen, Tieren oder Gebirgen zu erfassen, um von da aus die Erscheinungen in ihrer ganzen Wahrheit darstellen zu können. Die natürliche Erscheinung resultiert aus Natürlichem, nicht – wie die platonische Philosophie gemeint hatte – aus Übernatürlichem.

Diese Zuwendung zu den Erscheinungen geht zugleich mit einer Anerkennung der Vielfältigkeit der Natur einher. Leonardo hat immer wieder für die Würdigung dieser varietà plädiert.[126] Natürlich setzt auch dies den neuen Boden voraus. Erst wo das Erscheinungssein der Dinge, wo das Oberflächen- und Sichtbarsein der Natur als das wahre Sein gilt, kann auch dessen Vielfältigkeit positiv bewertet werden. Umgekehrt hatte für Platon die Variabilität der Erscheinungen ein Hauptargument gegen deren Wahrhaftigkeit abgegeben. Bei Leonardo hingegen besteht sogar ein dezidiertes Interesse an solcher Vielfältigkeit. Es ist nicht ein Manko, sondern das Wesen der Natur, dass sie Jegliches variativ und vom anderen verschieden bildet. Wollte man dies tilgen, tilgte man Natur.

Es ist die neue Erfahrung des Wahrheitslichts der Erscheinungen, die hier alles durchpulst. Leonardo ist gewissermaßen ein Urvater der Phänomenologie.[127] Alles andere verblasst gegenüber der Wahrheit der Erscheinungen und wird auf niedrigere Ränge verwiesen. Deshalb geht die ehedem der Philosophie vorbehaltene Pilotfunktion jetzt an die Malerei über. Die Erscheinungen haben in der Konkretheit der Malerei und nicht im Begriffsverfahren ihr genuines Explikationsmedium. Die Malerei leistet die Darstellung der erscheinenden Natur.[128] Und sie ist, zumal sie als Selbstfortzeugung der Natur verstanden wird, geradezu der natürliche Ort, an dem die Wahrheit des Erscheinenden sich einlöst. Die Anschauung ist das Organ und die Malerei das Fest dieser neuen, sinnenhaften Wahrheit.

Weil Leonardo überzeugt ist, dass in der Natur alles ineinandergreift, eines ins andere übergeht, *im Fluss* ist, rät er uns dazu, uns auf diese Veränderlichkeit einzulassen. Und weil für ihn die Wahrheit ganz und gar der Erscheinungswelt und nicht irgendeiner Überwelt angehört, mahnt er uns, in dieser Welt heimisch zu werden, sich der wirklichen Welt zuzuwenden. So wird der Mensch ein welthaftes Wesen. Am Ende wird sich dann die Welt in ihm reflektieren.[129]

Monaden oder Nomaden?
Über transkulturelle Identitäten

1. Allgemeine Züge der Identität

a. Identität als Selbstbezug

Wie verträgt sich Transitivität mit Identität? Die letztere scheint Beharren zu fordern, die erstere hingegen Beweglichkeit zu verlangen. Aber prüfen wir die Vorstellung von Identität etwas genauer.

Alltagssprachlich scheint »Identität« ein einfacher Begriff zu sein. Identisch sind Dinge mit sich selbst. Notre-Dame de Paris ist mit Notre-Dame de Paris identisch und mit nichts anderem – nicht mit Saint-Sulpice in der gleichen Stadt und nicht mit Notre-Dame in Rouen; Elvira ist mit Elvira – und nicht mit Helen oder Angela – identisch; und Theresa May war (leider) auch nur mit sich selbst identisch.

In der Philosophie wird »Identität« zunächst auch nicht anders verstanden, man drückt die Sache (einer *déformation professionelle* folgend) nur etwas komplizierter aus. Die Logik, die Basisdisziplin der Philosophie, erklärt, dass »Identität«

diejenige zweistellige Relation ist, in der ein jeder Gegenstand zu sich selbst und nur zu sich selbst steht.[130] Ob also alltagssprachlich oder philosophisch: Identität bedeutet schlicht die singuläre Beziehung eines Gegenstandes zu sich selbst.

Aber diese einfache Definition ist trügerisch und eigentlich fehlerhaft. Sie setzt ja voraus, dass die Gegenstände, denen da Identität zugesprochen wird, überhaupt über Selbstbezug verfügen und somit die Grundbedingung von Identität erfüllen. Aber das ist keineswegs bei allen Gegenständen der Fall. Ein Stein beispielsweise weist keinerlei Selbstbezug auf. Wenn man ihn zertrümmert, leidet der Stein nicht; es entstehen einfach mehrere einzelne Gesteinsbrocken, die ebenso sehr wie der Ausgangsstein Steine sind, nur jetzt eben viele und kleinere. Wind weist ebenfalls keinen Selbstbezug auf. Mühelos wird er (wenn es sich nicht gerade um einen Orkan handelt) durch feste Gegenstände (durch Strommasten, Häuser usw.) geteilt, und irgendwann verebbt er – und das tut er ohne irgendwelche Klagen über Selbstverlust. Auch Zahlen besitzen keinen Selbstbezug. Die Zwölf beispielsweise nimmt einfach eine bestimmte Stelle in der Reihe der natürlichen Zahlen ein, und sie ist völlig gleichwertig auf vielerlei Weise darstellbar, nicht nur durch »12«, sondern ebenso durch »6 + 6« oder »13 – 1« oder »Wurzel aus 144«.

Ein wirkliches Selbstverhältnis findet sich weder in der anorganischen noch in der numerischen Welt. Selbstverhältnis tritt erst in der biologischen Welt, bei Organismen auf. Ein jeder Organismus – schon der einfachste – ist durch Selbstbezug gekennzeichnet. Organismen sind von Grund auf Selbstbetreiber, sozusagen Ich-AGs. Sie halten sich durch Nahrungsaufnahme, Stoffwechsel und diverse Regulationsprozesse selbst am Leben. Nur Organismen kümmern sich um ihre Identität, arbeiten an ihrer Identität. Steine oder Zahlen tun das nicht. Deshalb kann man erst bei Organismen von Selbstbezug und infolgedessen von Identität sprechen. – Das ist die erste Klarstellung, die gegenüber einem inflationären Gebrauch des Terminus »Identität« geboten ist.

Für eine zweite Klarstellung mache ich nun einen Sprung: von Organismen im Allgemeinen zu speziellen Organismen, nämlich zu menschlichen Individuen.

b. Identität als Reflexionsprodukt

So wie alle Organismen Selbstbetreiber sind, so sind wir Menschen dies in gesteigertem Maße. Wir sind es nicht nur biologisch, sondern wir sind es vor allem durch Reflexion. Unsere Identität ist in hohem Maße ein Reflexionsprodukt, ein Produkt unserer Selbstverständigung. Zum Menschsein gehört es, sich (weit mehr, als wir das bei irgendwelchen anderen Tieren vermuten können) unentwegt über sich selbst zu verständigen.

Das reicht von momentbezogenen Fragen (Warum fühle ich mich heute so gut? Was will ich als Nächstes tun?) über mittelfristige Perspektiven (Wo soll ich im kommenden Jahr meinen Urlaub verbringen? Und mit wem?) bis hin zu langfristigen Erwägungen (Sollte ich noch einmal einen anderen Lebensentwurf beginnen? Wird meine Rente am Lebensabend reichen? Welche Art der Bestattung oder Nichtbestattung will ich wählen? Wird die Menschheit mit dem Klimawandel zurechtkommen?).

c. Identität als Vollzugsergebnis

Unsere personale Identität ist nicht einfach ein Bestand wie ein Immobilienbesitz, sondern sie ist das Ergebnis immer wieder erneuerter Selbstverständigung. Identität ist nichts Statisches, sondern ein Vollzugsprodukt.[131] Sie gerät immer wieder in Fluss und kann sich im Lauf der Zeit beträchtlich verändern – nicht nur durch große Bekehrungserlebnisse, sondern ebenso durch langsame Modifikationen, wo irgendwann fast unmerklich Quantität in Qualität umschlägt.

d. Identität: eine Mixtur aus Fakten und Fiktionen

Wenn unsere Identität zu einem großen Teil ein Produkt unserer Selbstverständigung ist, dann gehen freilich nicht nur Fakten, sondern auch Fiktionen in sie ein. Oder sagen wir vorsichtiger: Unsere Identität ist immer ein Amalgam aus Wahrheit und Dichtung,[132] aus Realität und Wünschen.

Selbstverständlich gehören harte Fakten zur Identität: Man ist da oder dort geboren und aufgewachsen, hat bestimmte Bildungsschritte absolviert, besitzt jetzt diesen Körper mit Herz und Nieren in diesem Zustand, und man hat diesen oder jenen Familienstand usw. Aber diese Tatsachen machen nicht schon als nackte Fakten unsere Identität aus; sondern hinzu kommt jeweils, wie wir sie verstehen und interpretieren, akzeptieren oder verleugnen, für wichtig halten oder ignorieren. Unsere Identität ist ein Gemisch aus Fakten und Einstellungen, aus Realitätsanerkennung und Wunschprojektion.

Beispielsweise wissen wir heute um den prekären Status von frühkindlichen Erinnerungen (sie sind oftmals ex-post-Konstrukte), und manchmal stellen wir auch im Erwachsenenleben eine offensichtliche Diskrepanz zwischen Selbstbild und Selbstsein fest – typischerweise bei anderen leichter als bei einem selbst. Die personale

Identität ist ein manchmal robust scheinendes, in Wahrheit aber stets fragiles Gewebe aus Wirklichkeit und Vorstellung, aus – um es noch einmal mit Goethe zu sagen – Wahrheit und Dichtung.

e. Identität als Wirkfaktor

Nun ist aber selbst eine Identität, die stark fiktive Anteile enthält, zumindest in dem Sinn realitätsbezogen, als sie *Einfluss* auf unsere Lebensgestaltung und damit auf die Wirklichkeit hat, in der wir uns bewegen. Das rührt daher, dass unsere Identitätsvorstellung ein Wirkfaktor in unserem Leben ist; wir führen unser Leben (unter anderem) im Licht der Vorstellungen, die wir von uns selbst haben. Deshalb können diese Identitätskonzepte auch bewirken, dass wir tatsächlich in stärkerem Maße so werden, wie sie es uns vorgeben.

Selbstverständigungsbegriffe sind eben von ganz anderer Art als Naturbegriffe. Sie haben stets Einfluss auf ihren Gegenstand. Bei Naturbegriffen ist das nicht der Fall. Wenn jemand begrifflich dekretiert, dass Steine Flugobjekte und Vögel Festwurzler sind, dann werden die Steine und Vögel sich darum wenig kümmern. Die Steine werden nicht plötzlich anfangen zu schweben, und die Vögel werden an ihren momentanen Ruhepunkten nicht festkleben, sondern bald wieder von ihnen auffliegen. Wenn man hingegen

Heranwachsenden erklärt, dass für ihre Persönlichkeitsentwicklung gelegentlicher Konsumverzicht wichtig sei, dann werden sie dies vielleicht probieren, und wenn man ihnen sagt, Transnationalismus sei der Schlüssel der Zukunft, dann werden sie sich darin erproben. Kulturelle Begriffe haben stets *Einfluss* auf ihren Gegenstand, die Kultur, denn wir *agieren*, wie gesagt, im Licht unserer kulturellen Begriffe. Wir treiben weder Politik ohne politische Vorstellungen noch führen wir unser individuelles Leben ohne uns selbst und andere betreffende Identitätskonzepte.

f. Die soziale Matrix der Identität

Ein letzter Punkt in diesen allgemeinen Überlegungen zur Verfassung von Identität ist der folgende: Identität – bezüglich derer der Alltagsverstand wie die Logik meinen, dass sie einfach die solipsistische Selbstbeziehung eines beliebigen Gegenstandes bedeutet – ist (jedenfalls dort, wo es um personale Identität geht) ganz im Gegenteil keine solipsistische, sondern eine von Grund auf *soziale* Angelegenheit.

So wie das Selbstsein schon eines jeden Organismus strikt umweltbezogen ist, so ist es das von Personen noch immer. Für unsere Identitätsbildung ist die soziale Umwelt eminent wichtig. Niemand von uns hätte ein Selbstbild entwickeln können, ohne dass er andere Selbstbilder – durch den Verwandtenkreis, die Schule, die Medien oder wodurch immer – kennengelernt hätte. Wir Menschen sind in keinerlei Hinsicht Autarkisten oder Monaden. Wir *leben* nicht nur in sozialen Gemeinschaften, sondern unsere Identität *erwächst* aus dem Umgang mit anderen.

Ob man sich dafür in der Philosophie auf Hegel (seine Theorie der Anerkennung) oder in der Sozialpsychologie auf Mead (seine Betonung der sozialen Interaktion) oder auf Erikson (sein Stufenmodell der psychosozialen Entwicklung) beziehen mag – jeder von diesen macht klar, dass Selbstbewusstsein und Selbstverständnis Interaktionsphänomene sind. Die von den Ausdrücken »Ich« und »Identität« möglicherweise suggerierte Vorstellung eines autarken »solus ipse« ist falsch. Ich und Identität sind Produkte eines sozialen Aushandelns. Jeder Mensch bildet seinen Selbstentwurf, indem er ihn mit den Bildern, die andere von ihm haben, abgleicht und indem er andere Selbstentwürfe, mit denen er bekannt wird, bewertet und ablehnt oder übernimmt und modifiziert.

Die Vorstellung, man könne sich allein aus sich selbst heraus definieren, ist geradezu kindisch. Wer so denkt, folgt noch immer dem frühkindlichen Missverständnis des Terminus »ich«. Kleinkinder meinen, wenn sie die Verwendung von »ich« erlernen, zunächst, dass »ich« einzig und allein auf sie selbst und nicht auch auf irgendeine andere Person referieren könne. Fehler, Unverschämtheit, wenn andere (etwa die Mutter) ebenfalls den Ausdruck »ich« für sich verwenden! Der ist doch in Wahrheit für einen selbst – solus ipse! – reserviert! Kinder protestieren oft massiv gegen diese aus ihrer Sicht falsche Okkupation des Ausdrucks »ich« durch andere Personen.

Aber irgendwann lernen sie dann, dass »ich« ein sozial gleichverteilter Indikator ist, den *jede* Person im Selbstbezug ebenso zu Recht verwendet, wie im Fremdbezug das Wort »du« angebracht ist. Ich bin nur von mir aus ich, vom anderen aus hingegen du, aber der, der von mir aus du ist, ist von sich aus ich. Man hat die korrekte Verwendung von »ich« also erst gelernt, wenn man begriffen hat, dass »ich« kein solipsistischer, sondern ein sozial gleichmäßig distribuierter Ausdruck ist.

* * *

Es war bisher von sechs Aspekten von Identität die Rede: Erstens ist von Identität sachentsprechend nicht bei beliebigen Gegenständen, sondern nur bei Organismen zu sprechen, weil nur sie über Selbstbezug verfügen; zweitens ist sie bei uns Menschen in hohem Maße der Selbstreflexion verdankt; drittens ist personale Identität kein substantieller Bestand, sondern ein Vollzugsprodukt; viertens schließt unsere Identität fiktive Anteile ein; fünftens stellt sie für das eigene Leben und von daher auch für das Leben anderer einen Wirkfaktor dar; und sechstens ist sie grundsätzlich nicht solipsistisch, sondern sozial verfasst.

Schließlich gelten all diese Bestimmungen und Ausführungen nicht nur für individuelle Identitäten, sondern ebenso für kollektive Identitäten – also für die Identität eines Gemeinwesens, einer Region oder eines Landes. Auch sie sind soziale Konstruktionen, die interpretative Einschüsse aufweisen und die sowohl veränderbar als auch von großem Einfluss auf die Realität der entsprechenden Gemeinschaften oder Gesellschaften sind.

Im Folgenden will ich diese Aspekte nun auf die Frage anwenden, wie *heutige* Identitäten verfasst sind. Meine These geht dahin, dass sie nicht monolithisch, sondern plural und des Näheren transkulturell verfasst sind.

2. Transkulturelle Identitäten

a. Die Transkulturalitäts-These

Ich behaupte, kurz gesagt, dass *wir alle kulturelle Mischlinge* sind. Dass dies also nicht nur für Migranten oder Postmigranten oder Personen mit Migrationshintergrund, sondern für uns *alle* gilt.

Wir alle verbinden nämlich in unserer Identität Elemente *unterschiedlicher* kultureller Herkunft. Wir sind in unserer Identität durch diese kulturelle Multiplizität bestimmt. Diese speist sich sowohl aus unterschiedlichen sozialen Milieus als auch aus geografisch und ethnisch unterschiedlichen Kulturen.

Machen wir uns das zunächst an der kulturellen Identitätsbildung der Älteren unter uns deutlich. Wir haben in der Jugend Musik unterschiedlichster Herkunft in uns aufgenommen: etwa Jimi Hendrix und Janis Joplin aus der Protestkultur, die Beatles aus der Popkultur, aber ebenso Mozart und Mahler aus der Hochkultur oder Moustaki und Mouskouri aus dem Unterhaltungssektor. Und wir haben Literatur unterschiedlichster Herkunft gelesen: nicht nur deutsche und englische, sondern auch französische, russische, nord- und südamerikanische Literatur. Und zu verschiedenen Zeiten waren wir vielleicht unterschiedlichen politischen Systemen zugeneigt: nicht nur dem westlichen Demokratiemodell, sondern auch manchen Alternativen – von Castros Kuba über Maos China bis hin zu dieser oder jener erträglich scheinenden Diktatur. Ganz zu schweigen von unseren kulinarischen, beruflichen und partnerschaftlichen Erfahrungen, die uns durch manche Teile der Welt geführt haben mögen. Unsere Identität ist aus all diesen Fäden gewebt, und wir haben deren Netz von Zeit zu Zeit umgestrickt oder ergänzt, stabilisiert oder reduziert.

Keiner von uns besteht aus gänzlich homogenem Stoff. Wenn man sich in einer ruhigen Stunde einmal vorbehaltlos auf all das besinnt, was einen zu dem gemacht hat, was man jetzt ist, dann wird jeder unter uns eine Vielzahl unterschiedlicher Erlebnisse, Einflüsse und Anknüpfungspunkte finden, die (mal mit größerem, mal mit geringerem Gewicht) zu seiner Identität beigetragen haben. In diesem Sinn sage ich, dass wir *alle* in unserer kulturellen Formation gemischt, dass wir nicht monokulturell, sondern transkulturell sind.

An dieser Stelle möchte ich eine Bemerkung zum Begriff der Transkulturalität einschieben.[133] Als ich den Begriff vor etwa dreißig Jahren prägte, hatte ich zunächst die Makroperspektive der Gesellschaft im Blick. Mir schien, dass der damals gängige Kulturbegriff allzu national bestimmt war – Kultur, das sollte, wie wenn das selbstverständlich wäre, deutsche oder italienische oder japanische oder US-amerikanische Kultur bedeuten. Diese nationalen Schablonen schienen mir aber auf die tatsächliche Verfasstheit der zeitgenössischen Kulturen nicht mehr zuzutreffen. Die Kulturen waren inzwischen nicht mehr homogene, in sich geschlossene und nach außen klar abgegrenzte Kugeln, sondern waren in Wahrheit durch vielfältige Mischungen und Durchdringungen gekennzeichnet. Zeitgenössisch, so habe ich damals behauptet (und sehe es heute verstärkt so), gehen die kulturellen Determinanten *quer* durch die vermeintlich autonomen Nationalkugeln hindurch, sie überborden deren Grenzen. Deshalb haben heutige Kulturen eine *transkulturelle* Verfassung, und unser kulturtheoretisches Leitbild sollte fortan nicht mehr das von abgeschlossenen Kugeln, sondern das von beweglichen Geflechten oder Netzen sein.[134]

b. Die transkulturelle Formation zeitgenössischer Individuen

Im Folgenden konzentriere ich mich (die Makroebene der Gesellschaft im Hinterkopf behaltend) auf die *Mikroebene der Individuen*. Ich habe zuvor schon beschrieben, wie die kulturelle Formation der Älteren unter uns transkulturell bestimmt war. Umso mehr, denke ich, ist es die der heutigen jüngeren Generationen.

Das ist auch leicht zu erklären. Heutige Heranwachsende werden schon alltäglich in der selbstverständlichsten Weise mit einer noch weitaus größeren Anzahl unterschiedlicher kultureller Muster bekannt als dies in der Generation ihrer Eltern und Großeltern der Fall war. Sie treffen schlicht auf der Straße, im Beruf, in den Medien oder auf

Reisen mehr Menschen mit unterschiedlichem kulturellen und ethnischen Hintergrund als je zuvor. Die Alternativen zum Standard von einst liegen heute nicht mehr außer Reichweite, sondern sind überall präsent.[135] Daher können Jugendliche bei ihrer kulturellen Identitätsbildung eine Vielzahl von Elementen unterschiedlicher Herkunft aufgreifen und miteinander verbinden (während sie andere links liegen lassen). Dadurch werden sie auf quasi natürliche Weise *in sich* transkulturell.[136]

Bezeichnend ist auch, dass derzeit nicht nur die nationalen Großkugeln, sondern auch kleinere Kugeln aufgebrochen werden. Das betrifft beispielsweise die Kokons von Geschlecht, Hautfarbe oder Beruf. Früher sollten sie für die eigene Orientierung verbindliche Vorgaben darstellen, ihre Grenzen sollten nicht zu überschreiten sein. Heute geschieht just das. Diane Ravitch, eine US-amerikanische Kritikerin des zu Abschottung und Ghettoisierung neigenden Multikulturalismus, hat dies einmal sehr schön dargelegt. Sie berichtete von einer schwarzen Läuferin, die in einem Interview sagte, ihr Vorbild sei der russische Tänzer Michail Baryschnikov. Sie bewundere ihn, weil er ein großartiger Athlet sei. Ravitch kommentierte dies folgendermaßen: Michail Baryschnikov »ist nicht schwarz; er ist keine Frau; er ist kein gebürtiger Amerikaner; er ist nicht einmal ein Läufer. Aber er inspiriert sie durch die Art, wie er seinen Körper trainiert und eingesetzt hat.«[137] – In der Tat: Dem alten Gruppen- und Kastendenken zufolge wäre die Vorbildwahl dieser jungen Frau gleich mehrfach unmöglich, denn sie hält sich nicht an die Vorgaben des Geschlechts, der Hautfarbe, der Nationalität und des Berufs. Aber wenn man die Scheuklappen des Kugel- und Kokondenkens erst einmal hinter sich gelassen hat, dann wird eine solch freie Wahl möglich und geradezu selbstverständlich, sie wird zum Normalfall.[138]

c. Transkulturelle Identitäten – seit Langem

Lassen Sie mich nun etwas in die Geschichte ausschweifen und Ihnen die Vermutung nahebringen, dass Transkulturalität gar nicht einfachhin der zeitgenössisch letzte Schrei ist, sondern schon in der Geschichte weitverbreitet, ja geradezu die Regel war.

Dafür seien zunächst drei Zeugnisse angeführt. Das erste Beispiel stammt von Michel de Montaigne. In seinen 1572–1592 verfassten *Essais* schrieb er:

> Es gibt nichts rundum Zutreffendes, Eindeutiges und Stichhaltiges, das ich über mich sagen, gar ohne Wenn und Aber in einem einzigen Wort ausdrücken könnte. […] Wir bestehen

> alle nur aus buntscheckigen Fetzen, die so locker und lose aneinanderhängen, dass jeder von ihnen jeden Augenblick flattert, wie er will; daher gibt es ebenso viele Unterschiede zwischen uns und uns selbst wie zwischen uns und den andern.[139]

Da ist die heutige Patchworkidentität längst vorformuliert worden (»wir bestehen alle nur aus buntscheckigen Fetzen«), und besonders aufschlussreich scheint mir Montaignes Hinweis, dass wir in uns selbst ähnlich viele Unterschiede tragen, wie wir sie nach außen hin finden. So wie heute auf der Makroebene die Trennschärfe zwischen Eigenkultur und Fremdkultur schwindet, so beherbergt auch ein jedes Individuum in sich schon annähernd so viele Unterschiede, wie es sie nach außen, gegenüber anderen Individuen entdecken kann. Und das konstatierte Montaigne, dieser minutiöse Selbstbeobachter, schon vor über vierhundert Jahren!

Das zweite Beispiel: Goethe sagte am 17. Februar 1832, einen Monat vor seinem Tod, zu seinem Freund Frédéric Soret:

> Was bin ich denn selbst? Was habe ich gemacht? … Zu meinen Werken haben Tausende von Einzelwesen das Ihrige beigetragen, Toren und Weise, geistreiche Leute und Dummköp-

fe, Kinder, Männer und Greise, sie alle kamen und brachten mir ihre Gedanken, ihr Können, ihre Erfahrungen, ihr Leben und ihr Sein; so erntete ich oft, was andere gesäet; mein Lebenswerk ist das eines Kollektivwesens, und dies Werk trägt den Namen Goethe.[140]

Da hat der vermeintliche »Olympier« nicht einfach seine eigene Größe gepriesen, sondern da hat er sich als dankbar gegenüber denjenigen erwiesen, die ihm dazu verholfen haben, der zu werden, als der er uns seitdem bekannt ist. Goethe hat sich hier als Kreuzungspunkt, als Durchgangsstätte, als Kondensationsknoten vieler anderer Individuen und kultureller Stränge verstanden.

Und ein drittes Beispiel: Novalis, der große Dichter der Romantik, hat schon um 1800 erklärt, dass eine Person jeweils »mehrere Personen zugleich ist«,[141] weil »*Pluralism* [...] unser innerstes Wesen« ist.[142]

Seitdem ist die moderne Literatur voll von Proklamationen einer inneren Vielfalt und transkulturellen Prägung der Subjekte – von Paul Valérys Bekenntnis »Ich glaube mehr denn je, dass ich mehrere bin«[143] über Fernando Pessoas Leitspruch »Sei plural wie das Universum!« und seine Erklärung »Ich bin die lebendige Bühne, auf der verschiedene Schauspieler auftreten, die verschiedene Stücke aufführen«[144] bis hin zu Italo Calvino, der schrieb:

> Wer ist denn jeder von uns, wenn nicht eine Kombination von Erfahrungen, Informationen, Lektüren und Phantasien? Jedes Leben ist eine Enzyklopädie, eine Bibliothek, [...] eine Musterkollektion von Stilen, worin alles jederzeit auf jede mögliche Weise neu gemischt und neu geordnet werden kann.[145]

Schließlich sei in dieser Reihe eine Figur noch besonders erwähnt: Ibsens *Peer Gynt* (Uraufführung 1876). Als Peer Gynt seine Identität erforscht, entdeckt er in sich eine ganze Reihe von Personen: einen Passagier, einen Goldgräber, einen Archäologen, einen Propheten, einen Bonvivant usw. – so wie er auch äußerlich ein Wanderer zwischen unterschiedlichen Ländern und Kulturen ist: zwischen seiner norwegischen Heimat und Marokko, der Sahara und Ägypten, dem Atlantik und dem Mittelmeer und zahlreichen mythischen Orten. Peer Gynt ist eine geradezu paradigmatische Figur der Transkulturalität. Er repräsentiert den Übergang vom alten Ideal der Person als Monade (kugelartig, monolithisch) zur neuen Seinsweise des Nomaden, des Wanderers zwischen verschiedenen Kulturen und Welten. Eine einfache Buchstabenumstellung, nämlich die von m und n innerhalb desselben Wortes, und schon ist alles anders, schon ist aus der *Mon*ade ein *Nom*ade geworden.[146]

Seit Langem also – das sollte durch diese Beispielreihe belegt werden – wird mit starken Argumenten die Auffassung vertreten, dass die personale Identität nichts Monolithisches und Statisches ist, sondern dass sie in sich plural und transkulturell ist und sich immer im Fluss befindet.[147]

d. Transkulturell versus nationalkulturell? Grenzen von Fiktion und Realitätsverbiegung

Aber nun könnte man – um von diesen historischen Beispielen zu einer systematischen Frage überzugehen – eine Frage aufwerfen oder einen Einwand erheben: Wenn *alle* Identitätskonzepte, wie eingangs ausgeführt, *fiktive* Anteile aufweisen, warum soll dann das *transkulturelle* (oder nomadische) Identitätskonzept gegenüber dem *nationalkulturellen* (oder monadischen) vorzuziehen sein? Enthält es nicht ähnlich starke fiktive Komponenten wie dieses? Ist es wirklich realistischer?

Ich meine in der Tat, dass das Transkulturalitätskonzept weitaus realitätsgerechter ist als das nationalkulturelle. Es trägt den tatsächlichen Verhältnissen weitaus mehr Rechnung, während das nationalkulturelle sie verleugnet. Und vor allem: Trotz aller fiktiven Einschlüsse gibt es eben auch harte Grenzen für Realitätsverleugnung und -verbiegung.

Machen wir uns das zunächst an einem individualpsychologischen Beispiel klar: Jemand wird darüber aufgeklärt, dass seine vermeintlichen Eltern nicht seine biologischen Eltern sind. Dann wird er fortan sein Verhältnis zu diesen Eltern neu fassen müssen. Er kann ihnen immer noch unendlich dankbar dafür sein, dass sie – gerade *obwohl* sie nicht seine biologischen Eltern sind – sich so rührend um ihn gekümmert haben. Aber er kann sie nicht mehr, wie zuvor, einfachhin als seine Eltern ansehen. Sie sind seine *Zieheltern*, nicht seine biologischen Eltern. Als Zieheltern können sie weiterhin als wundervoll gelten, aber sie sind nicht mehr die Eltern schlechthin, für die er sie einst hielt.

In diesem Sinn gibt es für Fiktion und Realitätsverkennung harte Grenzen. Die Aufklärung über Fakten kann Interpretationsmuster zum Einsturz bringen. Aufklärung hat einen Sperrklinkeneffekt: nach einer solchen Aufklärung gibt es – wenn man sich nur halbwegs rational verhält – kein Zurück mehr.

Und nun behaupte ich: So wie im genannten Beispiel die Elternfiktion zusammenbricht, so in puncto kultureller Identität die Nationalfiktion, sobald man sich klarmacht, dass harte Fakten gegen sie sprechen. Und tatsächlich: Wo immer man genauer nachforscht, zeigt sich, dass das, was angeblich rein national ist, in Wahrheit auf einem Mix internationaler und transnationaler Komponenten beruht. – Das ist nun näher darzulegen.

e. Die transkulturelle Verfassung der Kulturen
Historische Beispiele

Um dafür ein erstes Beispiel zu geben: Carl Zuckmayer hat 1946 in *Des Teufels General* die de facto transkulturelle Verfassung des vermeintlich rein »Deutschen« wundervoll dargetan. General Harras fordert dort den Fliegerleutnant Hartmann auf: »Stellen Sie sich doch mal Ihre Ahnenreihe vor – seit Christi Geburt.« Und dann nennt er sie ihm:

> Da war ein römischer Feldhauptmann, ein schwarzer Kerl, braun wie ne reife Olive, der hat einem blonden Mädchen Latein beigebracht. Und dann kam ein jüdischer Gewürzhändler in die Familie, das war ein ernster Mensch, der ist noch vor der Heirat Christ geworden und hat die katholische Haustradition begründet. – Und dann kam ein griechischer Arzt dazu, oder ein keltischer Legionär, ein Graubündner Landsknecht, ein schwedischer Reiter, ein Soldat Napoleons, ein desertierter Kosak, ein Schwarzwälder Flözer, ein wan-

dernder Müllerbursch vom Elsass, ein dicker Schiffer aus Holland, ein Magyar, ein Pandur, ein Offizier aus Wien, ein französischer Schauspieler, ein böhmischer Musikant – das hat alles am Rhein gelebt, gerauft, gesoffen und gesungen und Kinder gezeugt – und – und der Goethe, der kam aus demselben Topf und der Beethoven, und der Gutenberg, und der Matthias Grünewald, und – ach was, schau im Lexikon nach. Es waren die Besten, mein Lieber! [...] Und warum? Weil sich die Völker dort vermischt haben. Vermischt – wie die Wasser aus Quellen und Bächen und Flüssen, damit sie zu einem großen, lebendigen Strom zusammenrinnen.[148]

Dies ist eine realistische Beschreibung der historischen Genese von Mitgliedern eines »Volkes«. Sie löst die Homogenitätsfiktion auf. Was den Nationalisten als »deutsch« gilt, beruht in Wahrheit auf vielfacher Migration und Vermischung.

Tatsächlich wissen wir heute durch die historischen Wissenschaften, dass die Kulturen in der Geschichte generell keineswegs so »rein« waren, wie die Nationalfiktion des späten 18. und des 19. Jahrhunderts uns glauben machen wollte. Die Kulturen waren de facto stets durch einen Kulturmix bestimmt, sie waren in sich transkulturell.

Nehmen wir nur das antike Griechenland als Beispiel. Seit dem 18. Jahrhundert hat man es zu einer rein aus sich selbst sprudelnden Quelle des Abendlandes stilisieren wollen. Aber das ist eine Illusion. Man bedenke nur, dass nahezu 40 Prozent der altgriechischen Wörter semitischen Ursprungs sind. Da hat man schon sprachlich eine mehr als deutliche Einwirkungs- und Gemengelage, und die altgriechische Kultur ist insgesamt ohne die Einflüsse aus Ägypten und Vorderasien, Babylonien und Phönizien nicht zu verstehen.[149] Ähnliches gilt von einer vermeintlichen Inselkultur: der japanischen. In Wahrheit lebt auch diese von ihren Verflechtungen mit der chinesischen, der koreanischen, der indischen, und sogar der hellenistischen und später der portugiesischen und in der Moderne der westlichen Kultur insgesamt.

Im Übrigen kann man die historische Transkulturalität heute – und damit komme ich nach den geschichtlichen Beispielen zu Beweisen durch die harten Wissenschaften – in vielen Fällen durch archäogenetische Analysen sehr detailliert nachweisen.[150] So weiß man beispielsweise, dass die Europäer (die zunächst gar nicht Europäer, sondern Immigranten aus Afrika waren) sich vor ca. 7500 Jahren durch Zuzug aus dem Nahen Osten genetisch verändert haben. Nahezu die Hälfte der heutigen Gene der europäischen Bevölkerung stammt von dort. Und diese Vermischung war mit einer höchst bedeutsamen kulturellen Folge verbunden. Während der Übergang von der Jäger- und Sammlerphase zu Ackerbau und Viehzucht (die sogenannte »Neolithische Revolution«) im Nahen Osten schon vor ca. 11 000 Jahren erfolgt war, trat er in Europa erst vor etwa 7500 Jahren ein, also just zur Zeit der Vermischung mit den aus dem Nahen Osten zugezogenen Völkern.[151] Das legt die Vermutung nahe, dass Europa ihnen den Übergang zu Ackerbau und Viehzucht verdankt – ohne sie wären die Europäer möglicherweise noch jahrtausendelang rückständige Jäger und Sammler geblieben ... – Vielleicht erinnert man sich bei der nächsten Begegnung mit einem Syrer auch an dieses kulturelle Geschenk.

Edward Said hatte recht, als er schrieb: »Alle Kulturen sind hybrid; keine ist rein; keine ist identisch mit einem ›reinen‹ Volk; keine besteht aus einem homogenen Gewebe.«[152, 153] Mittlerweile ist diese Perspektive auch von Peter Burke stark gemacht worden, der herausstellte, dass kulturelle Begegnungen und Mischungen während der gesamten menschlichen Geschichte und nicht erst in den letzten dreißig Jahren erfolgt sind.[154]

Transkulturalität ist also nichts völlig Neues. Sie hat sich nicht erst in den letzten Jahrzehnten neu entwickelt, sondern war schon historisch die Regel. Nur ihr *Ausmaß* ist in den letzten Jahrzehnten deutlich angestiegen, und manche ihrer Erscheinungsformen sind neu.

f. Nationalfiktion heute

Habe ich zuletzt zu sehr historisch argumentiert? Dann wollen wir in die Gegenwart springen. Wie sind die nationalistischen Fantasien in der Gegenwart noch immer wirksam? Und wie sind sie zu kontern?

Ich greife zu Darlegungen von Claudius Taubert, einem thüringischen Privatgelehrten. Er hat sich das Grundsatzprogramm der Alternative für Deutschland (AfD) von 2016 vorgenommen und die Passage betrachtet und kommentiert, in der für eine vermeintliche deutsche Leitkultur plädiert wird, die auf den Werten des Christentums, der Antike, des Humanismus und der Aufklärung basieren soll.[155]

Zum ersten Punkt in Sachen deutscher Leitkultur – Christentum – merkt Taubert an, dass »das Christentum erstmals richtig Fahrt aufnahm, als ein Rabbiner namens Paulus auf dem Weg nach Damaskus vom Pferd fiel«. Und Damaskus, fügt er hinzu, liegt doch wohl »irgendwo im Nahen Osten …« – Antike? Taubert bemerkt, dass es »viele Germanioten überraschen dürfte, dass die Hauptschauplätze der Antike nicht in Germanien, sondern vor allem in Griechenland und Rom lagen«. – Humanismus? Der wurzelte, so Taubert, auch eher in italienischen Gefilden. – Und die Aufklärung, schreibt Taubert, »war ebenfalls kein rein deutsches Produkt, wie bereits ein kurzer Blick auf den Schotten David Hume und den Franzosen Voltaire deutlich macht«. Fazit: Was man hier als »deutsche Leitkultur« anpreist, ist »in Wirklichkeit ein bunter transkultureller Cocktail«.[156]

Noch drastischer formuliert Taubert die Diskrepanz zwischen vermeintlicher Nationalkultur und faktischer Transkulturalität im folgenden Passus:

> Selbst der basisintelligente Mann mit breitem Stiernacken und Kurzhaarfrisur, der regelmäßig zum Kickboxen (Ostasien) geht, sich hauptsächlich von Döner (osmanisches Reich) und Bier (China, Ägypten …) ernährt und Fußball (England) für die 6. Weltreligion hält, ist auf eine grobschlächtige Weise transkulturell. Auch Unwissenheit schützt nicht vor Transkulturalität.[157]

Das ist der Punkt. Transkulturalität ist die Regel und die Realität. Daran vermag auch ihre Verleugnung nichts zu ändern.

Wir bemerken jedoch alle, wie seit Jahren nationalistische Tendenzen wieder vordringen. Und unter dem Stichwort »Identitätspolitik« wird die Festzurrung monokultureller minoritärer Identitäten propagiert.[158]

Ich kann in dieser Situation nur raten, sich und den anderen die faktische Transkulturalität des vorgeblich Monokulturellen immer wieder vor Augen zu bringen. Darin liegt eine wichtige Aufgabe der Erziehung sowie des täglichen Umgangs miteinander.[159] Man sollte diese Aufgabe im Übrigen eher offensiv als defensorisch in Angriff nehmen. Damit meine ich: Man soll nicht nur immer wieder die Unwahrheit der Monokulturalitätsfiktionen aufzeigen, sondern vor allem die Vorteile und Zukunftschancen deutlich machen, die sich auftun, wenn man die Transkulturalität von einem selbst wie den anderen erfasst und ergreift. Unsere innere Transkulturalität macht uns, wenn wir uns ihrer erst einmal bewusst geworden sind, offen für äußere Transkulturalität. Sie lässt uns Gemeinsamkeiten und Anschlussmöglichkeiten entdecken, die zu erweiterten Praktiken der Verständigung ausgebaut werden können und so den Weg zu einer humaneren Gesellschaft eröffnen.

Anmerkungen

1 Diderot, *Enzyklopädie*, S. 187.

2 Ebd., S. 186.

3 Ebd.

4 »Bisher nahm man an, alle unsere Erkenntnis müsse sich nach den Gegenständen richten; aber alle Versuche, über sie a priori etwas durch Begriffe auszumachen, wodurch unsere Erkenntnis erweitert würde, gingen unter dieser Voraussetzung zu nichte. Man versuche es daher einmal, ob wir nicht in den Aufgaben der Metaphysik damit besser fortkommen, dass wir annehmen, die Gegenstände müssen sich nach unserem Erkenntnis richten, welches so schon besser mit der verlangten Möglichkeit einer Erkenntnis derselben a priori zusammenstimmt, die über Gegenstände, ehe sie uns gegeben werden, etwas festsetzen soll« (Kant, *Kritik der reinen Vernunft*, B XVI [Vorrede]).

5 Nietzsche, *Menschliches, Allzumenschliches. Ein Buch für freie Geister. Erster Band*, S. 29 [9].

6 Ders., »Ueber Wahrheit und Lüge im aussermoralischen Sinne«, S. 883. Vgl. auch: »Wenn man nur nicht ewig die Hyperbel aller Hyperbeln, das Wort: Welt, Welt, Welt, hören müsste, da doch Jeder, ehrlicher Weise, nur von Mensch, Mensch, Mensch reden sollte!« (ders., *Unzeitgemäße Betrachtungen. Zweites Stück: Vom Nutzen und Nachtheil der Historie für das Leben*, S. 312 [9].)

7 Neurath, »Wege der wissenschaftlichen Weltauffassung«, S. 125.

8 Davidson: Wahrheit existiert nur »relative to

language«, und »that is as objective as can be« (»On the Very Idea of a Conceptual Scheme«, S. 198). Putnam: »objectivity and rationality humanly speaking are what we have«; »they define a kind of objectivity, *objectivity for us*, even if it is not the metaphysical objectivity of the God's Eye view [...] they are better than nothing« (*Reason, Truth and History*, S. 55).

9 Böhme, Matussek, Müller, *Orientierung Kulturwissenschaft*, S. 106.

10 Ebd.

11 Vgl. Rilkes Gedicht *Der Panther*: »und hinter tausend Stäben keine Welt«.

12 Hilpert (Hrsg.), *Le Corbusiers »Charta von Athen« [1933]. Kritische Neuausgabe*, S. 162 [§ 87].

13 Ebd.

14 Vgl. zu dieser Diagnose ausführlicher: Welsch, *Mensch und Welt – Eine evolutionäre Perspektive der Philosophie* sowie *Homo mundanus – Jenseits der anthropischen Denkform der Moderne*.

15 Mirandola, *De hominis dignitate*.

16 Natürlich blieb unübersehbar, dass wir auch physische Wesen sind, einen Körper haben und insofern der Natur zugehören. Aber dies sollte praktisch bedeutungslos sein. Entscheidend sollte für uns allein die Tatsache sein, dass wir Geistwesen sind.

17 Das ist seit Köhlers berühmten Experimenten auf Teneriffa belegt (1917 unter dem Titel *Intelligenzprüfungen an Anthropoiden* publiziert). Vgl. auch Lorenz, *Die Rückseite des Spiegels. Versuch einer Naturgeschichte menschlichen Erkennens*, S. 165–167.

18 So hat es übrigens schon Aristoteles gesehen: »Auch bei den meisten andern Geschöpfen finden sich Spuren seelischer Gesinnung, deren Abwandlungen nur beim Menschen deutlicher hervortreten. Denn auch für Zahmheit und Wildheit, Sanftmut und Gefährlichkeit, Tapferkeit und Feigheit, Furchtsamkeit und Frechheit, Entschlossenheit und List, und für Überlegungen der Vernunft gibt es bei vielen von ihnen ein Gegenstück, wie wir es auch für die Körperteile feststellen konnten. Nur im Grade unterscheiden sie sich vom Menschen und der Mensch von den andern Geschöpfen – manches ist beim Menschen, manches bei den Tieren besser entwickelt –, während für anderes wenigstens Entsprechungen vorliegen« (Aristoteles, *Historia animalium*, VIII 1, 588 a 18–29).

19 Vgl. dazu ausführlicher: Welsch, *Homo mundanus*, S. 876–886.

20 Vgl. ebd., S. 715–776.

21 Vgl. hierzu die von Tewes und Vieweg herausgegebene und mir gewidmete Festschrift *Natur und Geist. Über ihre evolutionäre Verhältnisbestimmung*.

22 Vgl. Berleant, »Evolutionärer Naturalismus und das Ende des Dualismus«, S. 21–30. Berleant konstatiert die Anforderungen sehr genau und beklagt die »Beharrlichkeit des Mythos im Denken« (ebd., S. 23): Man sucht noch immer an den alten Kategorien festzuhalten, obwohl ihre Basis längst hinfällig geworden ist.

23 Jeder heutige Smartphone-Nutzer hat den altmodernen Dualismus de facto hinter sich ge-

lassen: Er weiß, dass anorganische Materialien Intelligenzpotenziale bergen, und dass es klug ist, nicht auf einer Exklusivität humaner Intelligenz zu beharren, sondern sich mit diesen anderen Intelligenzpotenzialen zu verbinden – in der Gemeinsamkeit mit ihnen ist man informierter und handlungsfähiger denn als herkömmlicher Gehirnsolist.

24 Vgl. dazu: Welsch, *Transkulturalität: Realität – Geschichte – Aufgabe.*

25 Platon, *Phaidros*, 230 c–d.

26 Ebd., 230 d.

27 Ebd., 229 e – 230 a.

28 Cicero: »Sokrates hat als erster die Philosophie vom Himmel herunter gerufen, sie in den Städten angesiedelt, sie sogar in die Häuser hineingeführt, und sie gezwungen, nach dem Leben, den Sitten und dem Guten und Schlechten zu forschen« (*Gespräche in Tusculum*, S. 215 [V 10]). Montaigne: »Er war es, der die menschliche Weisheit vom Himmel herunterholte, wo sie ihre Zeit nur vergeudete, um sie dem Menschen zurückzugeben, denn in ihm liegt ihre ureigentliche, all ihre Kräfte beanspruchende Aufgabe, und ihre nützlichste« (*Essais*, S. 522 [III 12]). Herder: »Es ist ein zwar oft wiederholter, aber wie mich dünkt, überspannter Lobspruch des menschenfreundlichen Sokrates, dass Ers zuerst und vorzüglich gewesen sei, der die Philosophie vom Himmel auf die Erde gerufen und mit dem sittlichen Leben der Menschen befreundet habe; wenigstens gilt der Lobspruch nur die Person Sokrates selbst und den engen

Kreis seines Lebens« (*Ideen zur Philosophie der Geschichte der Menschheit*, S. 550 [III 13, V]).

29 Diderot, *Enzyklopädie*, S. 187.

30 *Die Fragmente der Vorsokratiker*, S. 194 [B 247].

31 Laertius, *Leben und Meinungen berühmter Philosophen*, S. 76 [II 7].

32 Jeffers, »Carmel Point«. Übersetzung W.W.

33 Ders., »Preface to *The Double Axe and Other Poems*«, S. 421. Übersetzung W.W.

34 Dieser zeitgenössische Kosmopolit mag dann eine Zeitschrift wie *Cosmopolitan* zur Hand nehmen – da kann er sicher sein, in seiner Schrumpfung des kosmischen Maßes auf das einer Lifestyle-Society nicht gestört zu werden.

35 Weil, »A Report on the Animal Turn«, S. 1. – Meine nachfolgenden Überlegungen wurden ähnlich bereits in dem Sammelband *Menschen und Tiere. Grundlagen und Herausforderungen der Human-Animal Studies*, hrsg. Friedrich Jäger, Stuttgart 2020, publiziert.

36 Vgl. Whiten u. Boesch, »The Cultures of Chimpanzees«.

37 Darwin hat dies 1871 in *The Descent of Man, and Selection in Relation to Sex* breit ausgeführt. Vgl. dazu Welsch, »Der animalische Ursprung der Ästhetik«.

38 Vgl. Haeckels »biogenetisches Grundgesetz« wonach »die Ontogenie [...] eine kurze und schnelle Rekapitulation der Phylogenie« darstellt (*Generelle Morphologie der Organismen*, S. 300).

39 Andere, für uns ebenso wichtige Erfindungen wie Immunabwehr und Sexualität sind – mit

gut 2 Milliarden Jahren – gar noch älter als die soeben genannten.

40 Die alten evolutionären Wege müssen in der Ontogenese eines jeden Individuums deshalb noch immer gegangen werden, weil die stammesgeschichtlich jüngeren Gene, um wirksam zu werden, auf die Expression der älteren Gene angewiesen sind: Diese haben eine unverzichtbare Vorbereitungs- und Stimulationsfunktionen für die neueren Gene, daher kann das jeweils nächste Stadium nicht ohne einen Durchlauf des früheren Stadiums erreicht werden.

41 Übrigens ist auch unsere DNA zum Teil viral geprägt. Ein Fünftel schreibt sich von Viren her, die vor langer Zeit für unsere Vorfahren tödlich waren, bis es gelang, diese infektiösen Elemente als neues und nützliches Erbgut einzugemeinden.

42 Beispielsweise hatte die Entwicklung der Pflanzen großen Einfluss auf die Erde; sie verringerte das Ausmaß der Erosion und führte zu Flüssen mit abgegrenzten Flussbetten (vgl. Bjornerund, *Zeitbewusstsein*, S. 97 f.); »Indeed, the overall picture that emerges from our planet's long history is one of interaction between organisms and environments. […] Eventually, life expanded and diversified to become a planetary force in its own right, joining tectonics and physical chemistry in the transformation of air and oceans« (Knoll, *Life on a Young Planet: The First Three Billion Years of Evolution on Earth*, S. 5). »Life has not evolved on a static planetary surface. Rather, life and environments have evolved together throughout our planet's history, inex-

orably linked by the biogeochemical cycles in which both participate« (ebd., S. 31). Vgl. auch Lovelock, *Gaia: A New Look at Life on Earth*.

43 Vgl. Oeser, *Hund und Mensch. Die Geschichte einer Beziehung* sowie Chaline, *50 Tiere, die unsere Welt veränderten*, S. 158 f.

44 Wie die tierische Erbschaft unsere Kultur durchwirkt, wäre ein eigenes Thema. Hier sei nur eine Äußerung von Wittgenstein erwähnt: »In aller großen Kunst ist ein WILDES Tier: *gezähmt*« (Wittgenstein, »Vermischte Bemerkungen«, S. 502).

45 Vgl. an Versuchen dazu: Wolfe (Hrsg.), *Zoontologies: The Question of the Animal*; Böhme u. a. (Hrsg.), *Tiere. Eine andere Anthropologie*; Daston u. Mitman (Hrsg.), *Thinking with Animals: New Perspectives on Anthropomorphism*.

46 Descartes, »Brief an Henry More« (5. Februar 1649), S. 278 f.

47 Vgl. Nagel, »What Is It Like to Be a Bat?«.

48 »[...] toute la nature est pleine de vie« (Leibniz, *Principes de la Nature et de la Grace, fondés en raison*, S. 598 [1]).

49 Zuvor hatte bereits Spinoza mit seiner Interpretation der beiden Substanzen als Modi einer einzigen Substanz einen wichtigen Schritt in Richtung Monismus getan.

50 Diderot, *D'Alemberts Traum*, S. 455. Schon 1765 hatte Diderot erklärt: »Selon moi, la sensibilité, c'est une propriété universelle de la matière« (»Brief an Duclos«, S. 299).

51 Ders., *Gespräch zwischen d'Alembert und Diderot*, S. 417. – Die These einer Sensibilität der

Materie fungierte als Hauptangriffspunkt gegen den charakteristischen Dualismus. Auslöser war die 1689 von Locke aufgeworfene Frage, ob es eine denkende Materie gebe (vgl. Locke, *Über den menschlichen Verstand*, 188 [IV.III.6]). Als Erster hat dann La Mettrie 1745 diese Frage uneingeschränkt positiv beantwortet und der Materie Empfindungsfähigkeit zugeschrieben (vgl. La Mettrie, *Histoire naturelle de l'âme ou Traité de l'âme*, S. 66 [6] u. S. 69 [7]).

52 Diderot, *D'Alemberts Traum*, S. 454.

53 »Jedes schöne Naturwesen« ist »ein glücklicher Bürger, der mir zuruft: Sei frei wie ich« (Schiller, »Kallias oder Über die Schönheit. Briefe an Gottfried Körner«, S. 425). Vgl. dazu ausführlicher: Welsch, »›Schönheit ist Freiheit in der Erscheinung‹ – Schillers Ästhetik als Herausforderung der modernen Denkweise«.

54 Vgl. seine berühmte Bemerkung gegenüber Schillers Skepsis (Jena 1794): »das kann mir sehr lieb sein, dass ich Ideen habe, ohne es zu wissen, und sie sogar mit Augen sehe« (Goethe, »Glückliches Ereignis«, S. 541).

55 Ihm zufolge ist es die Aufgabe der Naturphilosophie zu zeigen, dass Natur Geist in unbewusster Form ist (vgl. Schelling, *Darlegung des wahren Verhältnisses der Naturphilosophie zu der verbesserten Fichteschen Lehre*). Dieser Gedanke kehrt auch in Hegels Naturphilosophie wieder.

56 Novalis: »Randbemerkungen zu Friedrich Schlegels ›Ideen‹«, S. 490. Ähnlich hieß es schon bei Herder in einem frühen Entwurf aus der Königsberg-Rigaer Zeit: »In welcher

Welt war ich, ehe ich hierher p. / Was werde ich sein / Zusammenhang der Geschöpfe; große Geister / Vielleicht empfinden die Pflanzen, wie wir / Ich bin ein Thier gewesen« (*Herders Sämmtliche Werke*, S. 665 [Nachwort des Herausgebers]).

57 Snow, »The Rede Lecture«.

58 Souverän und völlig zutreffend hat Habermas dagegen schon 2004 darauf hingewiesen, dass es nicht darum gehen kann, ob Naturalisierung überhaupt berechtigt ist, sondern darum, »die *richtige Weise* der Naturalisierung des Geistes« zu bestimmen (Habermas: »Freiheit und Determinismus«, S. 872).

59 Vgl. dazu ausführlicher: Welsch, *Homo mundanus*, S. 876–886.

60 Aristoteles, Met. XII 9, 1074 b 34 f.

61 Aristoteles, Eth. Nic. X 7, 1177 b 33.

62 Ebd., X 7, 1177 b 30 f.

63 Luther hat Aristoteles einen »Erzverleumder, Komödianten und Teufel« genannt sowie einen »falschen und gottlosen Heuchler«, einen »lasterhaften Schwindler«, eine »heidnische Bestie« (vgl. Welsch, *Der Philosoph. Die Gedankenwelt des Aristoteles*, S. 14).

64 *Martin Luther Werke, Kritische Gesamtausgabe*, XVIII, 164; ähnliche Formulierungen: »Erzhure und Teufelsbraut« (ebd.) bzw. »die höchste Hur, die der Teufel hat« (ebd., LI, S. 126).

65 Luther, *Gesamtausgabe in 25 Bänden*, V, S. 452.

66 Goethe meinte, »unter allen Entdeckungen und Überzeugungen möchte nichts eine größere Wirkung auf den menschlichen Geist hervor-

gebracht haben als die Lehre des Kopernikus« (Goethe, *Zur Farbenlehre*, S. 666).

67 Vgl. zum Folgenden ausführlicher: Welsch, *Homo mundanus – Jenseits der anthropischen Denkform der Moderne*, S. 93–138.

68 Freud, »Vorlesungen zur Einführung in die Psychoanalyse«, S. 283 [III 18].

69 Fontenelle, *Entretiens sur la pluralité des mondes*, S. 31 [Erster Abend].

70 Galilei, *Dialog über die beiden hauptsächlichsten Weltsysteme*, 118 [2. Tag].

71 Nietzsche, »Ueber Wahrheit und Lüge im aussermoralischen Sinne«, S. 875.

72 Pascal, *Über die Religion und über einige andere Gegenstände (Pensées)*, S. 42 [Brunschvicg 72].

73 Ebd.

74 Ebd., S. 167 [Brunschvicg 347].

75 Ebd.

76 »Das Denken macht die Größe des Menschen« (ebd., 167 [Brunschvicg 346]). »Nicht im Raum habe ich meine Würde zu suchen, sondern in der Ordnung meines Denkens« (ebd., S. 167 f. [Brunschvicg 348]).

77 Ebd., S. 116 [Brunschvicg 218].

78 Ebd., S. 53 [Brunschvicg 79].

79 Ebd., S. 167 [Brunschvicg 347].

80 Erst durch die Einsicht, »dass es eine Unzahl von Dingen gibt, die ihr Fassungsvermögen überschreiten« (ebd., S. 139 [Brunschvicg 267]), gelangt die Vernunft Pascal zufolge zu ihrer eigentlichen Stärke: »sie ist nur schwach, wenn sie nicht bis zu dieser Einsicht gelangt« (ebd.).

81 Kant, *Kritik der praktischen Vernunft*, A 289 f. [Beschluss].

82 Vgl. dazu Scheler: »Es ist ein vielverbreiteter Irrtum, anzunehmen, es sei z. B. die These des Kopernikus in der Zeit ihres ersten Auftretens als Grund zu einer Senkung und Verminderung des menschlichen Selbstbewusstseins empfunden worden. [...] Der Mensch erkennt zwar, er sei nur der Bewohner eines kleinen Sonnentrabanten; dass seine Vernunft jedoch die Kraft hat, den natürlichen Sinnenschein zu durchdringen und umzukehren – gerade das steigert sein Selbstbewusstsein bedeutend« (»Mensch und Geschichte«, S. 64 f.).

83 Vgl. Thomas von Aquin: »Terra, [...] in medio localiter existens, est maxime materialis et ignobilissima corporum« (*In libros de caelo et mundo*, S. 39 [II 20]).

84 Vgl. Brague, »Geozentrismus als Demütigung des Menschen«.

85 »[...] was aber die Erde betrifft, so ist es eine Veredlung und Vervollkommnung, wenn wir versuchen, sie als ähnlich den Himmelskörpern hinzustellen, sie gewissermaßen an den Himmel zu versetzen« (Galilei, *Dialog über die beiden hauptsächlichsten Weltsysteme*, 40 [1. Tag]). Präfiguriert war dieser Anspruch bei Bruno, der erklärt hatte, er habe die Menschen »auf der Sonne, dem Monde und anderen Sternen ebenso heimisch gemacht [...], als ob sie deren Bewohner wären« (*Das Aschermittwochsmahl*, S. 54 [Erster Dialog]).

86 Galilei, »Brief an Gallanzone Gallanzoni«, S. 148.

87 Ders., *Dialog über die beiden hauptsächlichsten Weltsysteme*, S. 118 [2. Tag].

88 Kepler, *De Stella Nova*, S. 246.

89 Feuerbach, »Die Naturwissenschaft und die Revolution«, S. 355.

90 Darwin, *The Origin of Species*, S. 647. Übersetzung W.W.

91 Ders., *The Descent of Man and Selection in Relation to Sex*, I 35. Übersetzung W. W.

92 Ebd., S. 105. Übersetzung W. W.

93 Ders., *The Origin of Species*, S. 635. Übersetzung W. W.

94 »With mankind some expressions, such as the bristling of the hair under the influence of extreme terror, or the uncovering of the teeth under that of furious rage, can hardly be understood, except on the belief that man once existed in a much lower und animal-like condition. The community of certain expressions in distinct though allied species, as in the movements of the same facial muscles during laughter by man and by various monkeys, is rendered somewhat more intelligible if we believe in their descent from a common progenitor« (Darwin, *The Expression of the Emotions in Man and Animals*, S. 19).

95 Tomasello, *Die kulturelle Entwicklung des menschlichen Denkens. Zur Evolution der Kognition*, S. 220.

96 Übrigens hat Haeckel, der Popularisator der darwinschen Ideen im deutschsprachigen Raum, dies schon in der zweiten Hälfte des 19. Jahrhunderts überzeugend dargetan. Aus dem traditio-

nellen Grundfehler, »den menschlichen Organismus in Gegensatz zu der ganzen übrigen Natur« zu stellen (*Die Welträthsel. Gemeinverständliche Studien über monistische Philosophie*, S. 13), ergeben sich ihm zufolge all die weiteren Irrtümer des anthropischen Komplexes: »das *anthropocentrische Dogma* [...], dass der Mensch der vorbedachte Mittelpunkt und Endzweck alles Erdenlebens – oder in weiterer Fassung der ganzen Welt – sei« (ebd., S. 14); »das *anthropomorphische Dogma*«, das Gott »menschenähnlich« und so den Menschen »gottähnlich« macht (ebd.); und schließlich »das *anthropolatrische Dogma*« einer geradezu »göttlichen *Verehrung*« des menschlichen Wesens (ebd., S. 15). Dem setzte Haeckel einen Gestus der Bescheidung entgegen.

97 Kant, »Menschenkunde«, S. 1033.

98 Ders., »Rezension zu Johann Gottfried Herders Ideen«, A 22.

99 Ebd.

100 »Der Geist ist das Denken überhaupt, und der Mensch unterscheidet sich vom Tier durch das Denken« (Hegel, *Grundlinien der Philosophie des Rechts oder Naturrecht und Staatswissenschaft im Grundrisse*, 46 [§ 4, Zusatz]). Vgl. auch: »es kann in unseren Tagen nicht oft genug daran erinnert werden, dass das, wodurch sich der Mensch vom Tiere unterscheidet, das Denken ist« (ders., *Wissenschaft der Logik I*, 20 [Vorrede zur ersten Ausgabe, 1812]).

101 Ders., *Vorlesungen über die Ästhetik I*, S. 116.

102 Kant allerdings – das muss man anerkennen und hervorheben – hat seine Einstellung wenige

Jahre später dramatisch verändert. In der *Kritik der Urteilskraft* von 1790 (B 368–370 [§ 80]) sowie in der *Anthropologie in pragmatischer Hinsicht* von 1798 (A 325 f., Anm.) vertrat er auf einmal selbst mit großem Engagement postherderisch-prädarwinistische Ideen. Die frühere Aussage, dass eine solche Denkweise »große Verwüstungen unter den angenommenen Begriffen anrichten« werde, mag noch immer zutreffen. Aber nüchtern betrachtet besagt sie jetzt eben nur noch: Es ist an der Zeit umzudenken, eine nächste, eine evolutionistische »Revolution der Denkart« steht an; mit der früher behaupteten »unendlichen Kluft« zwischen Mensch und Tier (»Menschenkunde«, 1033) ist es nichts, sondern es ist durchaus denkbar, dass der Mensch (noch in dem, was zuvor den »unendlichen Unterschied« begründen sollte, nämlich in seiner Verstandesausstattung) durch Umbildung aus einem Affen hervorgegangen ist.

103 Heidegger, »Über den ›Humanismus‹«, S. 69.

104 Ebd., S. 70.

105 Ebd., S. 67. – Vgl. dazu auch Schelers ähnlich verqueren Versuch, ein evolutionäres Verständnis des Menschen abzuweisen (*Die Stellung des Menschen im Kosmos*).

106 Vgl. Welsch, *Homo mundanus – Jenseits der anthropischen Denkform der Moderne*, S. 717, 736, 739–742.

107 Von den schätzungsweise 1014 Verbindungen in unserem Gehirn stellt höchstens jede zehnmillionste eine Außenverbindung dar, während

alle anderen Prozessen interner Kommunikation dienen. Die Bahnen innerer Kommunikation überwiegen somit gegenüber denen äußerer Kommunikation im gigantischen Verhältnis von 107 : 1, anders gesagt: Auf eine einzige Außenverbindung kommen 107 (10 Millionen) Innenverbindungen! Unser Gehirn ist also ganz überwiegend ein Apparat zur Selbstbezugnahme. Wir Menschen sind Innenkommunikations-Experten, sind Reflexions-Weltmeister.

108 Vgl. Welsch, »Das Rätsel der menschlichen Besonderheit«.

109 Freud, »Vorlesungen zur Einführung in die Psychoanalyse«, S. 283 f. [III 18].

110 Geertz, »The Impact of the Concept of Culture on the Concept of Man«, S. 48. Übersetzung W. W.

111 Der Terminus »Anthropozän« geht letztlich auf den italienischen Geologen Antonio Stoppani zurück, der schon 1873 von einer »Anthropozoischen Ära« bzw. einem »Anthropozoikum« sprach. Der US-amerikanische Biologe Eugene F. Stoermer verwendete dann seit den frühen 1980er Jahren den Terminus »anthropocene«. Allgemein bekannt wurde der Ausdruck seit 2000 durch den niederländischen Chemiker und Atmosphärenforscher Paul Crutzen, der 1995 für seine Ozonforschungen den Nobelpreis erhalten hatte. »Anthropozän« soll ihm zufolge darauf hinweisen, dass die Menschheit zu einem geologischen Faktor geworden ist. Besonders einflussreich war ein 2002 von Crutzen in *Nature* (415 [2002], S. 23) publizierter Artikel mit dem Titel »Geology of Mankind«.

112 Vgl. zu dieser Thematik insgesamt Welsch, »Wohin treibt das Anthropozän? «.

113 Eine Zusammenstellung der einschlägigen Texte findet sich bei Solmi (*Leonardo da Vinci, Frammenti letterari e filosofici*), S. 102 f. [LXXXVI–LXXXIX]). Die charakteristischsten Passagen lauten: »Lo ingegno del pittore vol essere a similitudine dello specchio, il quale sempre si trasmuta nel colore di quella cosa, che ha per obbietto, e di tante similitudini s'empie quante sono le cose, che li sono contrapposte.« – »Il pittore deve essere solitario e considerare ciò ch'esso vede, [...] facendo a similitudine dello specchio, il quale si trasmuta in tanti colori, quanti sono quelli delle cose, che se li pongono dinanzi. E facendo così, lui parrà essere seconda Natura.« – »La mente del pittore si deve al continuo trasmutare in tanti discorsi, quante sono le figure delli obbietti notabili, che dinanzi gli appariscono.« – »Al pittore è necessario [...] cervello mutabile secondo la varietà delli obbietti, che dinanzi se li oppongono [...]. – E sopra tutto essere di mente eguale a la superfizie dello specchio, la quale si trasmuta in tanti varî colori, quanti sono li colori delli sua obbietti.«

114 Leonardo hat den im Grunde selben Verhaltenstyp auch in jenem anderen Element, das seine Imagination in besonderer Weise faszinierte, erkannt, er hat auch das *Wasser* als Element universeller Anverwandlung gesehen. Nur dass Wasser und Spiegel dieses Verhalten gewissermaßen umgekehrt symmetrisch realisieren: Während der Spiegel sich ruhend dem vor ihm

Vorbeiziehenden anverwandelt, passt sich das Wasser, selbst bewegt, je den Orten an, durch die sein Lauf es führt (vgl. die Belege in *The Notebooks of Leonardo da Vinci*, I, S. 345 f. sowie II, S. 14 u. 97). Wasser und Spiegel sind die (zueinander ihrerseits spiegelsymmetrischen) Protagonisten der Kunst der Anverwandlung.

115 Zwei weitere Forderungen hängen damit zusammen. Erstens soll der Maler nicht seine eigenen Vorlieben einbringen und nicht seine Sicht und Wahl den Dingen auferlegen. Der Maler soll vielmehr reine Aufnahmefläche, ein ganz und gar plastisches Medium der Anverwandlung sein. Die zweite Forderung, die von hier aus zu begreifen ist, ist die ebenfalls oftmals vorgetragene nach Universalität. Wo der Maler nichts von sich aus hinzubringen, sondern ganz selbstlos den Erscheinungen gegenüber offen sein soll, ist solche Universalität keine hybride individuelle Forderung, sondern eine Konsequenz des Ansatzes. Ist der Maler wirklich offen für die Erscheinungen, dann eo ipso für alle.

116 Vgl. Vinci, *Trattato della pittura*, S. 11 [8].

117 Ebd., S. 20 [20].

118 *Conversations avec Cézanne*, S. 109. Vgl. auch: »Die Landschaft reflektiert, humanisiert, denkt sich in mir« (ebd., S. 110).

119 Rilke, »Von der Landschaft«, S. 519.

120 Platon, *Politeia*, 595 c – 602 b.

121 Ebd., 596 c–e.

122 Vgl. dazu ausführlicher: Welsch, »Das Zeichen des Spiegels – Platons philosophische Kritik der

Kunst und Leonardo da Vincis künstlerische Überbietung der Philosophie«.

123 »Adunque la pittura è filosofia« (*Trattato della pittura*, S. 9 [5]).

124 »La pittura si estende nelle superficie, colori e figure di qualunque cosa creata dalla natura, e la filosofia penetra dentro ai medesimi corpi, considerando in quelli le lor proprie virtú, ma non rimane satisfatta con quella verità che fa il pittore, che abbraccia in sé la prima verità di tali corpori, perché l'occhio meno s'inganna« (ebd., S. 10 [6]).

125 Ebd.

126 »Ed è tanto dilettevole natura e copiosa nel variare, che infra li alberi della medesima natura non si troverebbe una pianta, ch'appresso somigliassi all'altra, e non che le piante, ma li rami o foglie, o frutti di quelle, non si troverà uno, che precisamente somigli a un altro« (*Leonardo da Vinci, Frammenti letterari e filosofici*, S. 114 [XXVI]). »[…] adunque, tu, imitatore di tal natura, guarda e attendi alla varietà de' lineamenti« (ebd., S. 115 [XXIX]).

127 Leonardos Auffassung lässt an Goethe vorausdenken, beispielsweise an dessen phänomenologischen Programm-Satz »Man suche nur nichts hinter den Phänomenen: sie selbst sind die Lehre« (Goethe, »Maximen und Reflexionen«, S. 432 [Nr. 488]). Überhaupt ist die geistige Verwandtschaft zwischen Leonardo und Goethe evident. Goethes Leonardo-Charakterisierung – »ein die Natur unmittelbar anschauend auffassender, an der Erscheinung selbst denkender, sie durchdringender Künstler« (Goethe, »Tag- und

Jahreshefte«, S. 520) – kann ebenso als Selbstcharakterisierung Goethes gelten.

128 Und dabei vermag die Malerei über simple Formen der Sichtbarkeit weit hinauszuführen und selbst nahezu Unsichtbares sichtbar zu machen. Vgl. Welsch, »Wasser oder Wind – Leonardo da Vincis Zeichnungen Windsor 12377–12386 neu interpretiert«.

129 Vgl. Welsch, *Wahrnehmung und Welt – Warum unsere Wahrnehmungen weltrichtig sein können.*

130 Vgl. Lorenz, »Identität« (II), Sp. 144.

131 Man könnte hier an Fichte erinnern, der das Ich wesentlich durch »Tathandlung« charakterisiert hat. Ich ist man nicht einfach so, wie man zwei Beine hat, sondern nur durch Ich*vollzug*. Das Ich muss sozusagen »ichen«. Tut es das nicht, verliert es den Charakter des Ich bzw. der Person.

132 In Anspielung an Goethes *Aus meinem Leben. Dichtung und Wahrheit*, worin Goethe eigene Erlebnisse aus den Jahren 1749–1775 verarbeitet.

133 Erstmals habe ich das Konzept dargestellt in: »Transkulturalität – Lebensformen nach der Auflösung der Kulturen«. Etliche erweiterte Fassungen folgten, beispielsweise »Transculturality: The Puzzling Form of Cultures Today« sowie »Transkulturalität – neue und alte Gemeinsamkeiten«. Zuletzt habe ich das Konzept in einem Buch dargestellt: *Transkulturalität: Realität – Geschichte – Aufgabe.*

134 Im Gegensatz dazu halten die Konzepte der Multikulturalität und der Interkulturalität noch immer am alten Bild der Kulturen als Kugeln fest. Vgl. dazu meine detaillierte Kritik in *Trans-*

kulturalität: Realität – Geschichte – Aufgabe, S. 22–24.

135 Als ich aufwuchs, gab es beispielsweise in meinem kulturellen Umfeld gar keine Chance, mit dem Buddhismus in Berührung zu kommen. Wenige Jahrzehnte später traf man Buddhisten an fast jeder Straßenecke.

136 Die US-amerikanische Politologin Amy Gutmann betonte schon 1995, dass heute »die Identität der meisten Menschen – und nicht bloß die von westlichen Intellektuellen oder von Eliten – […] durch mehr als eine einzige Kultur geformt« ist. »Nicht nur Gesellschaften, auch Menschen sind multikulturell« (»Das Problem des Multikulturalismus in der politischen Ethik«, S. 284). Jüngst hat auch Yuval Noah Harari darauf hingewiesen, dass unsere persönliche Identität aus einem bunten Strauß unterschiedlicher kultureller Momente besteht: »Kaum jemand verfügt nur über eine einzige Identität. Niemand ist nur Moslem oder nur Italiener oder nur Kapitalist. Aber immer mal wieder beharrt ein fanatischer Glauben darauf, die Menschen sollten nur an eine Geschichte glauben und nur über eine Identität verfügen. […] Ich kann ein loyaler Italiener mit besonderen Verpflichtungen gegenüber der italienischen Nation sein und gleichwohl andere Identitäten haben. Ich kann auch Sozialist, Katholik, Ehemann, Vater, Wissenschaftler und Vegetarier sein, und jede dieser Identitäten bringt zusätzliche Verpflichtungen mit sich« (Harari, *21 Lektionen für das 21. Jahrhundert*, S. 383 [20. Lektion]).

137 Ravitch, »Multiculturalism. E Pluribus Plures«, S. 354.

138 Das Beispiel zeigt übrigens auch, dass Transkulturalität beileibe nicht mit Unterschiedslosigkeit oder dem Ignorieren oder simplen Abschleifen von Differenzen gleichzusetzen ist. Wirkliche Andersheit kann herausfordernd und anregend sein und ein Vorbild abgeben. Allerdings hat dies andererseits mit dem Kult des »ganz Anderen« nichts zu tun – der gehört zum alten, noch immer auf Abschottung und Abgrenzung setzenden Differenzdenken.

139 Ebd., S. 167 f. [II 1].

140 *Goethes Unterhaltungen mit Friedrich Soret*, S. 146.

141 Novalis, »Das Allgemeine Brouillon (Materialien zur Enzyklopädistik 1798/99)«, S. 250 f. [63].

142 Novalis, »Fragmente und Studien 1799–1800«, S. 571 [107].

143 Valéry, »Brief an Pierre Louis vom 30. August 1890«, S. 18.

144 Pessoa, *Das Buch der Unruhe des Hilfsbuchhalters Bernardo Soares*, S. 61.

145 Italo Calvino, *Sechs Vorschläge für das nächste Jahrtausend*, S. 165.

146 Vgl. zum Thema des pluralen Subjekts insgesamt: Welsch, *Vernunft. Die zeitgenössische Vernunftkritik und das Konzept der transversalen Vernunft*, Zweiter Teil, Kap. XIV: »Transversalität und Subjektivität«, S. 829–852.

147 Gewiss gehören auch Permanenzen zur Identität: zur biologischen, wo die DNA dafür sorgt, dass wir in unseren Erneuerungsprozessen wir

selbst bleiben, und ebenso zur kulturellen, wo alte Prägungen nicht einfach abgestoßen, sondern fortgeführt oder modifiziert werden. Aber insgesamt muss das Gefüge unserer Identitätskomponenten eben immer wieder neu gefestigt oder umstrukturiert werden. – Übrigens scheint man das nur im Bereich des westlichen Denkens eigens betonen zu müssen, während es für die asiatischen Traditionen selbstverständlicher ist. »Das einzig Beständige ist der Wandel« heißt es im Taoismus (aber auch bei dem vorderasiatisch inspirierten Heraklit).

148 Zuckmayer, *Des Teufels General*, S. 149.

149 Vgl. dazu meinen Essay »Transkulturalität in der Geschichte – gezeigt an Beispielen der Kunst«, in: Welsch, *Transkulturalität: Realität – Geschichte – Aufgabe*, S. 31–57.

150 Ein eindrucksvolles Beispiel auf YouTube: {https://www.youtube.com/watch?v=Iq_1PNPU4jI&list=PLyon3Rc2gtze0VpSBVTx9VR6esRy90Vj5}.

151 Vgl. Krause et alia, »Ancient Human Genomes Suggest Three Ancestral Populations for Present-day Europeans«.

152 Said: »Kultur und Identität – Europas Selbstfindung aus der Einverleibung der Welt«, S. 24. Ähnlich hat Mohanty mit Blick auf Indien festgehalten: »die Rede von einer Kultur, die die Idee von einer homogenen Gestalt erweckt, ist ganz irreführend. Die indische Kultur oder die hinduistische besteht aus ganz verschiedenen Kulturen. […] Eine ganz homogene Subkultur findet man nicht«, »die Idee von kultureller Reinheit ist ein Mythos« (Mohanty, »Den anderen verstehen«,

S. 117; 118). Derrida hat das Gleiche so ausgedrückt: »*Es ist einer Kultur eigen, dass sie nicht mit sich selber identisch ist.* […] Es gibt keine Kultur und keine kulturelle Identität ohne diese Differenz *mit sich selbst*« (»Das andere Kap«, S. 12 f.).

153 Wenn die durch vielfache Mischung entstandenen und bestimmten Kulturen später als monolithisch erscheinen können, so nur deshalb, weil die kulturelle Unterschiedlichkeit und Vielfältigkeit, die zu ihnen geführt hat und ihnen innewohnt, inzwischen sedimentiert, gleichsam zusammengebacken ist.

154 Burke, *Cultural Hybridity*.

155 Im Grundsatzprogramm der Alternative für Deutschland, beschlossen auf dem Bundesparteitag in Stuttgart am 30.04./01.05.2016, heißt es unter Punkt 7.2: »Deutsche Leitkultur statt Multikulturalismus: Die Alternative für Deutschland bekennt sich zur deutschen Leitkultur, die sich im Wesentlichen aus drei Quellen speist: erstens der religiösen Überlieferung des Christentums, zweitens der wissenschaftlich-humanistischen Tradition, deren antike Wurzeln in Renaissance und Aufklärung erneuert wurden, und drittens dem römischen Recht, auf dem unser Rechtsstaat fußt.« – Welch ein Bekenntnis zu Europa! Diese Partei müsste, wenn sie selbst an ihre Erklärung glauben und dieser folgen würde, eine flammende Europapartei sein! Die hier proklamierte »deutsche Leitkultur« ist keine spezifisch deutsche, sondern schlicht die allgemein-europäische Leitkultur. Kein einziges spezifisch deutsches Element ist aufgeführt!

156 Claudius Taubert, »Mein Coming-Out«.

157 Ebd.

158 Warum kommt es immer wieder zur Beschwörung einer einheitlichen Gruppenidentität? Die eine Erklärung greift weit in die Menschheitsgeschichte zurück: Es muss in der Geschichte von *Homo sapiens* eine Phase gegeben haben, wo die Identifikation mit der Gruppe überlebensnotwendig war. Von daher ist uns phylogenetisch noch immer ein Druck zur Gruppenidentifikation inhärent (ähnlich wie andere inzwischen dysfunktional gewordene Prägungen, z. B. die Neigung zu fettreicher Ernährung). Der evolutionäre Nutzen bestand einst in der Sicherung des Individuums innerhalb der Gruppe sowie der Gruppen gegeneinander. Kultur war Gruppenkitt. Davon Abstand zu nehmen wäre längst an der Zeit. Eine neuere Erklärung stammt von Fukuyama (*Identität: Wie der Verlust der Würde unsere Demokratie gefährdet*): Gruppen, die sich nicht genügend anerkannt fühlen, reagieren auf diese Missachtung durch forcierten Schulterschluss. Das betrifft sowohl Nationen oder Glaubensgemeinschaften, die sich international unterdrückt fühlen, als auch Minderheiten, die sich in ihrer Besonderheit nicht genügend gewürdigt glauben. Anerkennungsmangel treibt zusammen. Offene Anerkennung wäre das Gegenmittel. – So wie Fukuyama vor den Gefahren einer minoritären Identitätspolitik warnt, so zeigt auch Appiah kritisch diverse Fehlleitungen durch fiktive monokulturelle Identitätsmuster auf

(*The Lies that Bind – Rethinking Identity: Creed, Country, Color, Class, Culture*).

159 Beispielsweise kann man die Schüler einer Klasse Präferenz- und Aversionslisten (Sportart, Ernährung, Musik, Politiker, Farben, Länder etc.) ausfüllen lassen und dann die Runde fragen, wem sie diese oder jene Liste zuordnen würden. Die Überraschung ist immens: Die Mitschüler fügen sich nicht den Stereotyp-Erwartungen, die man hegte, sondern haben zum Teil beträchtlich andere Einstellungen. Dadurch *erfahren* die Schüler die Falschheit der Stereotype und die transkulturelle Realität.

Literaturverzeichnis

Appiah, Kwame Anthony: *The Lies that Bind – Rethinking Identity: Creed, Country, Color, Class, Culture*, New York 2018.

Aristoteles, *Historia animalium*.

Berleant, Arnold: »Evolutionärer Naturalismus und das Ende des Dualismus«, in: Christian Tewes u. Klaus Vieweg (Hrsg.), *Natur und Geist. Über ihre evolutionäre Verhältnisbestimmung*, Berlin 2011, S. 21–30.

Bjornerud, Marcia: *Zeitbewusstheit. Geologisches Denken und wie es helfen könnte, die Welt zu retten* [2018], Berlin 2020.

Böhme, Hartmut/Matussek, Peter/Müller, Lothar (Hrsg.): *Orientierung Kulturwissenschaft*, Reinbek 2000.

Böhme, Hartmut u. a. (Hrsg.): *Tiere. Eine andere Anthropologie*, Köln 2004.

Brague, Rémi: »Geozentrismus als Demütigung des Menschen«, in: *Internationale Zeitschrift für Philosophie* 1 (1994), S. 2–25.

Bruno, Giordano: *Das Aschermittwochsmahl* [1584], Leipzig 1904.

Burke, Peter: *Cultural Hybridity*, Cambridge 2009.

Calvino, Italo: *Sechs Vorschläge für das nächste Jahrtausend* [1988], München 1991.

Chaline, Eric: *50 Tiere, die unsere Welt veränderten* [2011], Bern 2014.

Cicero, Marcus Tullius: *Gespräche in Tusculum* [entst. 45 v. Chr.], Zürich 1991.

Darwin, Charles: *The Origin of Species* [1859], New York 1998.

– *The Descent of Man, and Selection in Relation to Sex* [1871], Princeton 1981.
– *The Expression of the Emotions in Man and Animals* [1872], Oxford 1998.

Davidson, Donald: »On the Very Idea of a Conceptual Scheme«, in: ders., *Inquiries into Truth and Interpretation*, Oxford 1984, S. 183–198.

Daston, Lorraine u. Mitman, Gregg (Hrsg.): *Thinking with Animals: New Perspectives on Anthropomorphism*, New York 2005.

Derrida, Jacques: »Das andere Kap«, in: ders., *Das andere Kap. Die vertagte Demokratie – Zwei Essays zu Europa*, Frankfurt/M. 1992, S. 9–80.

Descartes, René: »Brief an Henry More« (5. Februar 1649), in: ders., *Œuvres*, hrsg. v. Charles Adam u. Paul Tannery, Paris 1897–1913; Neuausgabe Paris 1964–1967, Bd. V, S. 267–279.

Diderot, Denis: *Enzyklopädie*, in: ders., *Philosophische Schriften*, Berlin 1961, Bd. 1, S. 149–234.
– *Gespräch zwischen d'Alembert und Diderot* [entst. 1769, publ. 1830], in: ders., *Erzählungen und Gespräche*, Leipzig 1953, S. 417–435.
– *D'Alemberts Traum* [entst. 1769, publ. 1830], in: ders., *Erzählungen und Gespräche*, Leipzig 1953, S. 436–501.
– »Brief an Duclos« [1765], in: *Correspondance inédite*, hrsg. v. André Babelon, Paris 1931, S. 299.

Diels, Hermann u. Kranz, Walter, *Die Fragmente der Vorsokratiker*, Bd. 2, Zürich 1952.

Doran, P. M. (Hrsg.): *Conversations avec Cézanne*, Paris 1978.

Engels, Friedrich: *Die Lage der arbeitenden Klasse in England*, Leipzig 1845.

Feuerbach, Ludwig: »Die Naturwissenschaft und die Revolution« [1850], in: ders., *Gesammelte Werke*, Bd. 10, Berlin 1982.

Fontenelle, Bernard le Bovier de: *Entretiens sur la pluralité des mondes* [1686], Paris 1990.

Freud, Sigmund: »Vorlesungen zur Einführung in die Psychoanalyse« [1916/17], in: ders., *Studienausgabe*, Bd. 1, Frankfurt/M. 1971, S. 33–445.

Fukuyama, Francis: *Identität: Wie der Verlust der Würde unsere Demokratie gefährdet* [2018], Hamburg 2019.

Galilei, Galileo: *Dialog über die beiden hauptsächlichsten Weltsysteme* [1632], Stuttgart 1982.

– »Brief an Gallanzone Gallanzoni« (16. Juli 1611), in: *Le opere di Galileo Galilei. Edizione nazionale*, Bd. 11, Florenz 1901, S. 141–155 [555].

Geertz, Clifford: »The Impact of the Concept of Culture on the Concept of Man« [1966], in: ders., *The Interpretation of Cultures*, New York 1973, S. 33–54.

Goethe, Johann Wolfgang von: »Schema zu einem Volksbuch, historischen Inhalts« [entst. 1808], in: *Goethes Werke*, I. Abtheilung, Bd. 42.2, Weimar 1907, S. 418–428.

– *Zur Farbenlehre* [1810], in: ders., *Sämtliche Werke. Briefe, Tagebücher und Gespräche*, I. Abt., Bd. 23/1, Frankfurt/M. 1991.

– »Glückliches Ereignis« [1817], in: ders., *Werke. Hamburger Ausgabe in 14 Bänden*, Bd. 10, München 1976, S. 538–542.

– »Tag- und Jahreshefte« [1817], in: ders., *Werke*, Bd. 10, Nachdr. München 1981, S. 429–529.

– *Goethes Unterhaltungen mit Friedrich Soret*, hrsg. v. C. A. H. Burkhardt, Weimar 1905.

– *Aus meinem Leben. Dichtung und Wahrheit* [1811–1833], Frankfurt/M. 2007.
– »Maximen und Reflexionen«, in: ders., *Werke. Hamburger Ausgabe in 14 Bänden*, Bd. 12, Nachdr. München 1981, S. 365–754.
Gutmann, Amy: »Das Problem des Multikulturalismus in der politischen Ethik«, in: *Deutsche Zeitschrift für Philosophie* 43/2 (1995), S. 273–305.
Habermas, Jürgen: »Freiheit und Determinismus«, in: *Deutsche Zeitschrift für Philosophie* 52/6 (2004), S. 871–890.
Haeckel, Ernst: *Generelle Morphologie der Organismen*, Bd. 2, Berlin 1866.
– *Die Welträthsel. Gemeinverständliche Studien über monistische Philosophie* [1899], Bonn 1901.
Harari, Yuval Noah: *21 Lektionen für das 21. Jahrhundert*, München 2018.
Hegel, Georg Wilhelm Friedrich: *Wissenschaft der Logik I*, in: ders., *Werke*, Bd. 5, Frankfurt/M. 1986.
– *Vorlesungen über die Ästhetik I* [ab 1817], in: ders., *Werke*, Bd. 13, Frankfurt/M. 1986.
– *Grundlinien der Philosophie des Rechts oder Naturrecht und Staatswissenschaft im Grundrisse* [1821], in: ders., *Werke*, Bd. 7, Frankfurt/M. 1986.
Heidegger, Martin: »Über den ›Humanismus‹« [1947], in: ders., *Platons Lehre von der Wahrheit. Mit einem Brief über den »Humanismus«*, Bern 1954, S. 53–119.
Herder, Johann Gottfried: *Ideen zur Philosophie der Geschichte der Menschheit*, in: ders., *Werke in 10 Bänden*, Bd. 6, Frankfurt/M. 1989.
– *Herders Sämmtliche Werke*, hrsg. v. Bernhard Suphan, Bd. 14, Berlin 1909.

Hilpert, Thilo: *Le Corbusiers »Charta von Athen« [1933]. Kritische Neuausgabe,* Braunschweig/Wiesbaden 1984.

Friedrich Jäger (Hrsg.): *Menschen und Tiere. Grundlagen und Herausforderungen der Human-Animal Studies*, Stuttgart 2020.

Jeffers, Robinson: »Preface to *The Double Axe and Other Poems*« [1947], in: *The Collected Poetry of Robinson Jeffers*, hrsg. Tim Hunt, Vol. 3, 1938–1962, Stanford 1991, S. 418–421.

– »Carmel Point«, in: *The Collected Poetry of Robinson Jeffers,* hrsg. Tim Hunt, Vol. 3, 1938–1962, Stanford 1991, S. 399.

Kant, Immanuel: *Kritik der reinen Vernunft*, 1. Aufl. 1781, 2. Aufl. 1787.

– *Kritik der praktischen Vernunft*, 1788.

– *Kritik der Urteilskraft*, 1790.

– »Menschenkunde« [Vorlesung Winter 1781/82], in: *Kant's gesammelte Schriften*, Akademie-Ausgabe, Bd. 25, Berlin 1997.

– »Rezension zu Johann Gottfried Herders Ideen«, 1785.

– *Anthropologie in pragmatischer Hinsicht*, 1798.

Kepler, Johannes: *De Stella Nova* [1606], in: ders., *Gesammelte Werke*, Bd. 1, München 1938, S. 149–356.

Knoll, Andrew H.: *Life on a Young Planet: The First Three Billion Years of Evolution on Earth*, Princeton 2003.

Köhler, Wolfgang: »Intelligenzprüfungen an Anthropoiden. I«, in: *Abhandlungen der Preussischen Akademie der Wissenschaften*, No. 1 (1917).

Krause, Johannes u. a.: »Ancient Human Genomes

Suggest Three Ancestral Populations for Present-day Europeans«, in: *Nature* 513 (2014), S. 409–413.

Laertius, Diogenes: *Leben und Meinungen berühmter Philosophen*, Bd. 1, Hamburg 1967.

La Mettrie, Julien Offray de: *Histoire naturelle de l'âme ou Traité de l'âme* [1745], in: ders., *Œuvres Philosophiques*, Bd. 1, Berlin 1774; Nachdruck Hildesheim 1988.

Leibniz, Gottfried Wilhelm: »Principes de la Nature et de la Grace, fondés en raison« [1714], in: *Die philosophischen Schriften von Gottfried Wilhelm Leibniz*, hrsg. v. C. I. Gerhardt, Bd. 6, Berlin 1882, Nachdruck Hildesheim 1978, S. 598–606.

Lorenz, Konrad: *Die Rückseite des Spiegels. Versuch einer Naturgeschichte menschlichen Erkennens* [1973], München 1977.

Lorenz, Kuno: »Identität« (II), in: *Historisches Wörterbuch der Philosophie*, Bd. 4, Basel 1976, Sp. 144–148.

Locke, John: *Über den menschlichen Verstand* [1690, recte 1689], Hamburg 1976.

Lovelock, James: *Gaia: A New Look at Life on Earth*, Oxford 1979.

Luther, Martin: *Martin Luther Werke, Kritische Gesamtausgabe*, Abt.1: Schriften, Weimar 1883 ff.

– *Gesamtausgabe in 25 Bänden*, hrsg. v. Johann G. Walch, St. Louis, MO 1880–1910.

Mirandola, Giovanni Pico della: *De hominis dignitate (Von der Würde des Menschen)* [entst. 1486, Erstdruck 1496], Hamburg 1990.

Mohanty, Jitendra N.: »Den anderen verstehen«, in: *Philosophische Grundlagen der Interkulturalität*, hrsg. v. Ram Adhar Mall u. Dieter Lohmar, Amsterdam 1993, S. 115–122.

Montaigne, Michel de: *Essais*, übers. Hans Stilett, Frankfurt/M. 1998.

Nagel, Thomas: »What Is It Like to Be a Bat?« [1974], in: ders., *Mortal Questions*, Cambridge 1979, S. 165–180.

Neurath, Otto: »Wege der wissenschaftlichen Weltauffassung«, in: *Erkenntnis* 1 (1930/31), S. 106–125.

Nietzsche, Friedrich: »Ueber Wahrheit und Lüge im aussermoralischen Sinne« [1873 diktiert, 1896 publiziert], in: ders., *Sämtliche Werke. Kritische Studienausgabe in 15 Bänden*, hrsg. v. Giorgio Colli u. Mazzino Montinari, München 1980, Bd. 1, S. 873–890.

– *Unzeitgemäße Betrachtungen. Zweites Stück: Vom Nutzen und Nachtheil der Historie für das Leben* [1874], in: ders., *Sämtliche Werke. Kritische Studienausgabe in 15 Bänden*, hrsg. v. Giorgio Colli u. Mazzino Montinari, München 1980, Bd. 1, S. 243–334.

– *Menschliches, Allzumenschliches. Ein Buch für freie Geister. Erster Band* [1878], in: ders., *Sämtliche Werke. Kritische Studienausgabe in 15 Bänden*, hrsg. v. Giorgio Colli u. Mazzino Montinari, München 1980, Bd. 2, S. 9–366.

Novalis: »Das Allgemeine Brouillon (Materialien zur Enzyklopädistik 1798/99)«, in: ders., *Schriften*, hrsg. v. Paul Kluckhohn u. Richard Samuel, Bd. 3: *Das philosophische Werk II*, Stuttgart 1983, S. 205–478.

– »Randbemerkungen zu Friedrich Schlegels ›Ideen‹« [1799], in: ders., *Schriften*, hrsg. v. Paul Kluckhohn u. Richard Samuel, Bd. 3: *Das philosophische Werk II*, Stuttgart 1983, S. 488–493.

– »Fragmente und Studien 1799–1800«, in: ders.,

Schriften, hrsg. v. Paul Kluckhohn u. Richard Samuel, Bd. 3: *Das philosophische Werk II*, Stuttgart 1983, S. 525–693.

Oeser, Erhard: *Hund und Mensch. Die Geschichte einer Beziehung*, Darmstadt 2004.

Pascal, Blaise: *Über die Religion und über einige andere Gegenstände (Pensées)* [postum 1669], hrsg. v. Ewald Wasmuth, Heidelberg 1963.

Pessoa, Fernando: *Das Buch der Unruhe des Hilfsbuchhalters Bernardo Soares* [1982], Frankfurt/M. 1987.

Platon, *Phaidros* [zwischen 420 und 400 v. Chr.].

Putnam, Hilary: *Reason, Truth and History*, Cambridge 1982.

Ravitch, Diane: »Multiculturalism. E Pluribus Plures«, *American Scholar* 59/3 (1990), S. 337–354.

Rilke, Rainer Maria: *Der Panther* [1903], in: ders., *Sämtliche Werke in 12 Bänden*, Bd. 2, Frankfurt/M. 1976, S. 505.

– *Duineser Elegien* [1912–22], in: ders., *Sämtliche Werke in 12 Bänden*, Bd. 2, Frankfurt/M. 1976, S. 683–726.

– »Von der Landschaft« [1902], in: ders., *Sämtliche Werke in 12 Bänden*, Bd. 10, Frankfurt/M. 1976, S. 516–522.

Said, Edward W.: »Kultur und Identität – Europas Selbstfindung aus der Einverleibung der Welt«, in: *Lettre International* 34 (1996), S. 21–25.

Scheler, Max: »Mensch und Geschichte« [1926], in: ders., *Philosophische Weltanschauung*, Bern 1954, S. 62–88.

– *Die Stellung des Menschen im Kosmos*, Darmstadt 1928.

Schelling, Friedrich Wilhelm Joseph: *Darlegung des wahren Verhältnisses der Naturphilosophie zu der verbesserten Fichteschen Lehre*, Tübingen 1806.

Schiller, Friedrich: »Kallias oder Über die Schönheit. Briefe an Gottfried Körner« [1793 entst., 1847 publ.], in: ders., *Sämtliche Werke*, Bd. 5, hrsg. v. Gerhard Fricke u. Herbert G. Göpfert, München 1980, S. 394–433.

Snow, Charles Percy: »The Rede Lecture«, 1959, in: ders., *The Two Cultures*, Cambridge 1969, S. 1–51.

Taubert, Claudius: »Mein Coming-Out«, {https://www.facebook.com/claudiusmaxtaubert/posts/1810584939061083}.

Tewes, Christian u. Vieweg, Klaus (Hrsg.): *Natur und Geist. Über ihre evolutionäre Verhältnisbestimmung*, Berlin 2011.

Thomas von Aquin, *In libros de caelo et mundo* [entst. 1272–73], in: *S. Thomae Aquinatis Opera Omnia*, Bd. 4: *Commentaria in Aristotelem et Alios*, Stuttgart-Bad Cannstatt 1980, S. 1–49.

Tomasello, Michael: *Die kulturelle Entwicklung des menschlichen Denkens. Zur Evolution der Kognition* [1999], Frankfurt/M. 2002.

Valéry, Paul: »Brief an Pierre Louis« (30. August 1890), in: ders., *Lettres à quelques-uns*, Paris 1952, S. 17 f.

Vinci, Leonardo da: *Trattato della pittura* [Nachdruck des Codex Vaticanus Urbinas 1270], Neuchâtel o. J.

– *The Notebooks of Leonardo da Vinci*, hrsg. v. Edward MacCurdy, 2 Bde., London 1938.

– *Frammenti letterari e filosofici*, hrsg. v. Edmondo Solmi, Florenz 1979.

Weil, Kari: »A Report on the Animal Turn«, in: *differences* 21/2 (2010), S. 1–23.

Welsch, Wolfgang: »Transkulturalität – Lebensformen nach der Auflösung der Kulturen«, in: *Information Philosophie*, Heft 2 (1992), S. 5–20.

– *Vernunft. Die zeitgenössische Vernunftkritik und das Konzept der transversalen Vernunft* [1995], Frankfurt/M. 2007.

– »Transculturality: The Puzzling Form of Cultures Today«, in: *Spaces of Culture: City, Nation, World*, hrsg. v. Mike Featherstone u. Scott Lash, London 1999, S. 194–213.

– »Transkulturalität – neue und alte Gemeinsamkeiten«, in: ders., *Immer nur der Mensch? – Entwürfe zu einer anderen Anthropologie*, Berlin 2011, S. 294–322.

– »Das Rätsel der menschlichen Besonderheit«, in: ders., *Immer nur der Mensch? Entwürfe zu einer anderen Anthropologie*, Berlin 2011, S. 277–293.

– »Das Zeichen des Spiegels – Platons philosophische Kritik der Kunst und Leonardo da Vincis künstlerische Überbietung der Philosophie«, in: *Immer nur der Mensch? Entwürfe zu einer anderen Anthropologie*, Berlin 2011, S. 21–37.

– *Der Philosoph. Die Gedankenwelt des Aristoteles*, München 2012.

– *Mensch und Welt – Eine evolutionäre Perspektive der Philosophie*, München 2012.

– *Homo mundanus – Jenseits der anthropischen Denkform der Moderne*, Weilerswist 2012.

– »Der animalische Ursprung der Ästhetik«, in: ders., *Blickwechsel – Neue Wege der Ästhetik*, Stuttgart 2012, S. 211–251.

– »›Schönheit ist Freiheit in der Erscheinung‹ – Schillers Ästhetik als Herausforderung der modernen Denkweise«, in: ders., *Ästhetische Welterfahrung – Zeitgenössische Kunst zwischen Natur und Kultur*, München 2016, S. 49–62.
– *Transkulturalität: Realität – Geschichte – Aufgabe*, Wien 2017.
– »Wohin treibt das Anthropozän?«, in: ders., *Wer sind wir?*, Wien 2018, S. 144–163.
– *Wahrnehmung und Welt – Warum unsere Wahrnehmungen weltrichtig sein können*, Berlin 2018.
– »Wasser oder Wind – Leonardo da Vincis Zeichnungen Windsor 12377–12386 neu interpretiert«, *Marburger Jahrbuch für Kunstwissenschaft* 45 (2018), S. 139–159.

Whitehead, Alfred N.: *Prozess und Realität. Entwurf einer Kosmologie* [1929], Frankfurt/M. 1979.

Whiten, Andrew u. Boesch, Christophe: »The cultures of chimpanzees«, in: *Scientific American* 284 (2001), S. 60–67.

Wittgenstein, Ludwig: »Vermischte Bemerkungen« [1977], in: ders., *Werkausgabe*, Frankfurt/M. 1984, Bd. 8, S. S. 445–573.

Wolfe, Cary (Hrsg.): *Zoontologies: The Question of the Animal*, Minneapolis 2003.

Zuckmayer, Carl: *Des Teufels General* [1946], in: ders., *Werkausgabe in zehn Bänden*, Bd. 8, Frankfurt/M. 1978, S. 93–231.

Zweite Auflage Berlin 2023

Göhrener Str. 7 | 10437 Berlin
info@matthes-seitz-berlin.de

Satz: Monika Grucza-Nápoles, Berlin
Druck und Bindung: Art-Druk, Szczecin
Umschlaggestaltung nach einer Idee von
Pierre Faucheux
ISBN 978-3-7518-0502-5